발터 벤야민 : 예술 , 종교 , 역사철학

WALTER BENJAMIN
by
Norbert Bolz, Willem van Reijen

Copyright © 1991 by Campus Verlag GmbH, Frankfurt/Main
Korean translation Copyright © 2000 by Seokwangsa Publishing Co.
This Korean language edition is published by arrangement
with Campus Verlag

발터 벤야민 : 예술, 종교, 역사철학

노베르트 볼츠, 빌렘 반 라이엔 지음

김득룡 옮김

서광사

이 책은 Norbert Bolz, Willem van Reijen의 *WALTER BENJAMIN* (Frankfurt/Main: Campus Verlag, 1991)을 완역한 것이다.

발터 벤야민 : 예술, 종교, 역사철학

노베르트 볼츠, 빌렘 반 라이엔 지음
김득룡 옮김

펴낸이— 김신혁, 이숙
펴낸곳— 도서출판 서광사
출판등록일— 1977. 6. 30.
출판등록번호— 제 406-2006-000010호

(10881) 경기도 파주시 회동길 77-12 (문발동)
대표전화 · (031)955-4331 / 팩시밀리 · (031)955-4336
E-mail · phil6161@chol.com
http://www.seokwangsa.co.kr / http://www.seokwangsa.kr

제1판 제1쇄 펴낸날 · 2000년 1월 20일
제1판 제6쇄 펴낸날 · 2019년 3월 30일

ISBN 978-89-306-1705-5 93130

헌사

이 책이 완성되어 나올 수 있었던 것은
위트레흐트의 레이크스 대학 사회과학부와
ISOR 학부 연구소의 후원 덕분이다.
특히 H. 아드리안젠스 교수와 E. 치체베스키,
A. de 루이터 교수에게 감사드린다.

베를린/위트레흐트, 1990년 여름

인용문에 관하여

벤야민의 작품에서 인용된 글들은 아도르노(Theodor W. Adorno)와 숄렘(Gershom Scholem)의 도움을 받아 티더만(Rolf Tiedemann)과 슈베펜호이저(Hermann Schweppenhäuser)의 편집으로 출판된 전 7권으로 된 발터 벤야민(Walter Benjamin), 《전집》(*Gesammelte Schriften*, Frankfurt/M: Suhrkamp Verlag, 1972～1989)의 권수와 면수를 표시하여 전거를 밝히겠다. 이번 판의 부록에 수록된 "참고 문헌"도 참고하기 바란다.

벤야민의 서신에서 인용된 글들은 약자 서신(Br)으로 표시될 것인데, 이것은 Walter Benjamin, *Briefe*, hrsg. Gershom Scholem und Theodor W. Adorno(Frankfurt/M.: Suhrkamp Verlag, 1966, 1978)를 의미한다.

벤야민의 어떤 특정 작품에서 인용문들을 따온 것인지를 나타내기 위해 빈번하게 인용되는 작품들을 아래와 같이 표시해 둔다.

I 203～409: 독일 비극의 기원(Ursprung des deutschen Trauer-spiels)

I 431～508: 기술 복제 시대의 예술 작품(Das Kunstwerk im Zeitalter seiner technischen Reproduzierbarkeit, 제1판

옮긴이의 말:
벤야민과 아도르노의 부정 변증법적 역사 인식

벤야민과 아도르노의 역사철학을 논하기에 앞서 이들의 학문 방법론 중 하나인 병치법이 어떻게 적용되고 있는지를 살펴보는 것이 좋을 듯하다. "역사"를 논할 때 우리는 일반적으로 "자연"과 대비되는, 즉 "자연"이 아니라는 의미에서의 "역사", 그리고 "역사"가 아니라는 의미에서의 "자연"을 개념화한다. 그러나 아도르노의 이론 체계에서의 역사와 자연은, 성좌론의 원리에 따라, 보다 깊은 변증법적 관계를 드러내는 반립적 개념들이다. 양자는 서로의 빛 아래에서만 참된 의미로 나타나게 되어 있으며, 이로써 이데올로기적 주술화로부터 해방되는 길이 열린다는 것이다. 예를 들면 고전성의 요소는 현재의 빛 아래에서만 의미로 나타나고, 현재의 새로움은 그것을 고전성으로 바라볼 때 비로소 그 의미를 발하기 시작하며, 현재의 현상 속에서 의고적(擬古的) 요소를 확인하는 병치 작업이 바로 세계의 탈신화화를 위한 도구가 된다.[1] 아도

---

1) Adorno, "Die Idee der Naturgeschichte"(1932), in *Gesammelte Schriften* I(Frankfurt/M: Suhrkamp Verlag, 1973), 362~363면. 이하 이 책은 GS라

르노에 의하면 역사와 자연 양자는 서로 갈등 상태에 놓여 있다고
한다. 음(陰)과 양(陽)의 관계라고나 할까, 한쪽이 다른 쪽을 지배
하거나 다른 쪽에 의해 통제되는 순간 병리를 드러낸다. 아도르노
는 역사의 전 과정을 진리의 합리적 전개를 위한 참된 실재로 여
기는 루카치의 역사 예찬론을 거부하며, 역사의 객관적 행로에 관
한 포괄적 총체성도 거부한다.[2] 역사는 주/객관, 또는 이성/실재
간의 동일성을 보증하는 어떤 구조적 전체가 아니다. 오히려 역사
는 양자가 서로 분기하는 변증법적 과정을 끌어내고 있을 뿐만 아
니라, 그 자신에 관한 자족적 이데올로기를 자연에 의존하여 치유
하게 되기 때문이다. 예를 들어 자연은 실제의 과거사가 진보로서
의 역사 개념과 일치하지 않고 있음을 일깨워주고 확인시켜 준다.
역사가 합리적으로 진보해 온 것이 아니라는 것은 물적 자연에 가
해온 폭력이 그 증거가 된다. 자연의 경우 또한 현재의 "자연적"
현상이라는 것이 본질적 실재로서의 자연 개념과 일치하지 않는
것은 그러한 현상들이 바로 역사적 생성물이라는 사실에 의해 입
증되고 만다. 결국 아도르노에 의하면 역사와 자연은 실재의 양극
을 이루고 있는 인식론적 상호 규제 이념들이다.[3] 따라서 양자 모
두 존재론적 제1원리일 수 없다. 역사를 자연에 복속시키고자 할
때 비합리적인 물적 고통을 운명적으로 보게 되며, 그 역일 때 역
사 진보론의 허위에 빠지게 된다. 특히 후자의 경우를 주목하고

표기함.

2) Adorno, 앞의 글, 362면.

3) 이 점에 관해서는 Friedemann Grenz, *Adornos Philosophie in Grund-
begriffen: Auflösungen einiger Deutungsprobleme*(Frankfurt am Main:
Suhrkamp Verlag, 1974), 74면, 그리고 Buck-Morss, *Origin of Negative
Dialetic*, 49면 이하를 참조할 것.

있던 아도르노는 호르크하이머와 함께, 진보 사관에 내재하는 "합리화"의 병리는 이 자연 개념의 결여에서 온다고 결론짓는다.

아도르노가 역사와 자연 양자는 상호 규제 이념으로서 적극적으로 상대방에 의한 신비화의 비판 열쇠여야 한다고 주장하는 근거는 무엇인가? 아도르노에 의하면, 자연은 그 자체 내에 역사의 실체적 요소를 나타나게 함으로써 역사가 자연적 질료로 구체화되게 한다. 그러나 동시에 자연은 아직 이성이 침투하지 못하여 역사로 구체화되지 않은 선재적 구조의 신비를 지니고 있다. 후자는 역사적으로 침해당해 온 구체적 자연으로서 신체적 복지를 추구하는 인간의 감각 세계에 관련되어 있다. 아도르노 등은 생산의 역사적 차원과 상품 구조에 붙여진 물신적 성격(제2자연)에 대비시켜 이를 "제1자연"이라 한다. 벤야민이 인식 과정을 통해 개별 현상들 속에서 현상의 구체적 산 의미로 해방시키고자 하는 것도 이와 관련이 있는 것으로 보인다. 그의 알레고리는 폐허의 역사 속에서 관념의 물적 기초를 표현하고 제1자연의 고통을 담아내려는 수단이기 때문이다. 역사는 무언가 질적으로 새로운 것이 출현하게 하는 변증법적 실천의 장인 동시에 단지 계급 관계의 조건 등을 정적으로 재생산해 내는 부정적 면도 가지고 있다.[4] 이런 이유 때문에 물적 실재가 신비적으로 영구화될 때는 그것의 역사적 형성 과정을 보아야 하며, 역사가 구조적 총체성으로 영구화될 때 그것을 구체적·특수적 제1자연에 의해 번역해야 한다는 것이다. 이러한 상호적 관계를 통해서만 탈주술적 작업이 가능해진다는 것이다.

---

4) Adorno, "Die Idee der Naturgeschichte"(1932), GS I, 346면.

성좌론에 담긴 두 가지 주장, 즉 현상적 실재의 양극성과 문명의 반복성은 그대로 벤야민의 역사철학에 적용되는 듯하다. 우리는 그의 "유의미한 정치학"에서 전자의 논리를, 그리고 그의 역사진보론 비판에서 후자의 논리를 발견할 수 있다. 우리는 두 가지 문제를 중심으로 벤야민의 역사철학의 면모를 살핌으로써 21세기의 역사적 전망을 제시하는 계기를 찾을 수도 있을 것이다.

역사 전개에 있어 강력한 도구는 정치이다. 그러나 벤야민에게 있어 "의미 있는 정치학"은 결코 논리적으로 설명해 낼 수 없는, 비합리적 성격을 띤 형식을 취할 수밖에 없는 것으로 나타난다. 결론부터 말하자면, 사적 유물론과 유대주의를 결합한 형태를 취한다는 것이다.[5] 이러한 그의 주장은 역사적 실재가 극단들의 병치로 나타난다는 성좌론의 원리와 맥을 같이하는 듯이 보인다. 실재는, 역사적 실재이든 사회적 실재이든 개별적 실재이든, 반립적 역동성들로 구성되어 있다는 것이다. 그러나 양자는 서로 반립하지만 서로를 반대 방향으로 나가게 함으로써 스스로가 존재하는 형식을 취한다는 것이다. 어느 한쪽이 다른 한쪽을 자신에게로 환원시킨다든지 양자를 통일시킨다든지 하는 것은 이미 실재와 거리가 먼 설명이 되고 만다. 마치 '막대 자석' 같다고 할까? 양극이 음극을, 또는 그 반대로 음극이 양극을 자신에게로 통합시키는 순간 그것은 더 이상 '자석'이 아닐 것이다. 한낱 쇠막대기일 뿐이다. 같은 논리는 세속주의적 정치적 극단과 메시아주의적 종교적 극단의 관계에서도 주장된다. 양자는 "역설적 전도(顚倒)"의

---

5) 이 책 Norbert Bolz, Willem van Reijen, *Walter Benjamin*(Frankfurt: Campus Verlag, 1991)은 이 점을 상론하고 있는 탁월한 연구서로 보인다. 이하 "이 책"으로 약칭함.

관계에 있다는 것이다. 역사와 신국, 세속 정치와 신정 정치는 서로 다른 것이며, 후자가 전자의 목적일 수도 없다. 그러나 양자는 서로 무관한 것이 아니라 상호 역작용하는 역동성을 지닌 채 교섭한다. 신적으로 되면 될수록 더욱 세속적으로 된다고 할까? 즉 유의미한 정치학으로서의 사적 유물론과 메시아주의의 결합이라는 모습으로 나타난다. 그에게 있어 종교는 "경험의 구체적 총체성"[6])이기 때문이며, 따라서 사가의 경험들은 형이상학적으로 신학적으로 재주조되지 않으면 안 된다.

역사와 신국 양자가 어느 한쪽으로 환원될 수 있는 것도, 한쪽이 다른 한쪽의 목적이 될 수 있는 것도 아니라면, 그리고 양자의 규칙들이 모순적으로 상호 전도되는 관계라면, 사적 유물론과 메시아주의의 신학 양자는 어떤 방식으로 만나는가?(어느 한쪽만으로는 허무주의나 정치적 무의미에 도달할 수밖에 없다. 그러나 한쪽의 극단 자체는 다른 쪽의 무의미를 유의미하게 한다.) 벤야민의 "역사철학 테제"의 제1명제로 등장한 이 "세속 형식의 역사신학적 해결"은 어떤 모습을 하고 있는 것일까? 그것은 최근에 체스의 명인과 인공 지능을 장착한 로봇이 벌인 체스 대결의 결과를 상기시키는 우화이다.

벤야민에게 있어 역사 그 자체는 허무한 것일 터이다. 역사는 희망이 없다. 왜냐하면 전술한 바와 같이 그는 문명사로 불려온 역사의 배면에서 억압으로 점철된 야만사만을 볼 뿐이기 때문이다. 따라서 그에 의하면, 역사 속에서 행복을 추구하는 인류가 있다면 그들은 먼저 희망을 포기한 채 절망하지 않으면 안 된다. 그

---

6) Benjamin, GS II, 170면. 이 책, 52면 참조.

러한 한 역사의 목적이 신국일 수는 없는 것이다. 신국은 오히려 "역사의 목적이 아니라 그 끝"[7]이어야 할 것이 아닌가? 그리고 이러한 야만의 역사를 뒤집는 혁명이 있다면 그 결과가 신국의 도래일 터이고 그 혁명 역시 역사의 중단을 의미하는 것이어야 할 것이다.[8] 그러므로 이러한 혁명은 역사나 정치 자체로부터 가능한 것은 아니다. 참된 혁명을 통해 이루어야 할 일이 구원이라면 그 혁명은 세속적 역사의 중단일 것이기 때문이다. 이는 역사 자체에 구원이라는 목적이 있는 게 아니라 신적 개입에 의해서 역사의 끝에서나 있을 일이라는 것을 의미한다. 그러나 여기서 중요한 것은 벤야민이 역사 속의 절망을 조언하는 이유가 아이러니컬하게도 역사의 세속적 역동성에 대한 그의 신앙 때문이라는 점이다. 절망하는 자는 바닥에 닿게 되어 있다.

"인간은 어떻게 절망에 도달하게 되었는지를 알 때, 절망 속에서도 살아갈 수 있는 것이다. 그는 이제 그 절망 속에서도 살아갈 수 있다. 왜냐하면 그럴 때 그의 절망적 삶은 중요한 것이기 때문이다. 이때 침몰한다는 것은 언제나 사물의 근저에 도달한다는 것을 의미한다."[9]

이제 벤야민은 초현실주의적 방식으로 비관주의의 조직화를 통해 허무주의에 도달하고 초현실주의적 방식으로 메시아주의적 역동성에 반립하는 역사의 세속주의적 역동성을 논한다. 세력장 내의 반립하는 역동성들은 서로 반대 방향으로의 벡터를 강화시킨다. 따라서 구원은 역사에만 맡겨지지 않는, 메시아적 벡터의 강

---

7) Benjamin, "Theologisch-politisches Fragment", GS II, 203면.
8) 이 책, 50면을 참조할 것.
9) Benjamin, "Kommentare zu Werken von Brecht", GS II, 509면.

화와 더불어서만 도달되는 사안인 것이다. 그러나 이를 전하는 인간의 신학은, 사적 유물론이라는 꼭두각시를 필요로 한다. 고용된 흉칙한 요정인 양 허무주의에 몰입해야 하는 세속적 정치 이론만큼이나, 신 앞에서 자신을 부끄러워해야 하는 존재인 것이다. 신학이 무언가를 하기 위해서는 역사의 이면에 은폐되어 있어야 한다는 말이 된다. 이때 자연스레 벤야민에게 사적 유물론 자체가 어떤 의미를 가지는가라는 의문이 제기될 수밖에 없다. 이 점을 이해하기 위해 그의 "역사철학 테제"가 들려주는 또 하나의 알레고리에 귀를 기울여보자.

제9명제는 표현주의 화가 클레(P. Klee)가 그린 "새로운 천사"(Angelus Novus)와 게르하르트 숄렘(Gerhard G. Scholem)의 시 "천사의 인사"(Gruß vom Angelus)에서 영감을 받아 작성된 명상인 듯하다. 전자는 진보의 폭풍에 의해 미래로 떠밀려가면서도 지나간 역사의 아픔에 대한 연민 때문에 못내 눈길을 돌리지 못하는 천사의 모습을 담은 그림이며, 후자는 "나의 날개는 날 준비가 되어 있으니, 난 돌아가고 싶어라, 내 비록 영원한 곳에 머문다 해도 내겐 희망이 없으니…"라고 쓴 대목이다. 두 이미지 모두 과거를 지향하는 천사를 그리고 있다. 신의 대변자 천사는 역사의 진보주의와 자본주의의 꿈에 대한 강한 불만을 가지고 있다는 것이다. 그가 지금 그의 뜻대로 과거를 향해 날고 있지는 못한다 할지라도, 그럴수록 과거로 가야 한다는 안타까운 의지는 더욱 선명히 드러나고 있다. 볼츠와 라이엔은 이를 벤야민의 다른 글 《파사주》 속의 배 "빈곤호"(Die Armut)[10]에 비유하여 탁월하게 해석하고

---

10) Benjamin, GS II, 112면. 이 책, 52면을 참조할 것.

있다. 인문주의의 유럽 대륙을 떠나 "절대의 바람"을 돛폭 가득히 안고 역사의 바람을 거슬러 항해하는 그 배는, 애태우는 천사의 암묵적 의도의 명시적 시행이기라도 한 듯이, 인문주의의 유럽 대륙을 떠나 잃어버린 낙원을 향해 가고 있는 것이다. 구원을 향해 재난을 넘으며 지그재그의 항해술을 발휘(kreuzt)해야 하는 이 "빈곤호"의 진행 방식은 부정의 부정을 연속해야 하는 "부정의 변증법"을 형상화하고 있는지도 모른다. 천사의 발 앞에 쌓이는 재난의 파편더미들과 함께 "빈곤호"의 앞길에 놓인 재난들은 치유를 기다리는 과거의 한과 원망들인 것이다.

따라서 벤야민의 역사철학 체계에서 더욱 중요한 계기는 과거라기보다 오히려 현재라고 해야 할 것이다. 벤야민에게 있어 현재는 신적 계기인 듯하다. 개시의 역사 즉 원사(Urgeschichte)와 종말의 역사(Endegeschichte)가 만나는 영점(零點), 즉 "근원 현상(Urphänomen)이 일어나는 점"[11]인 때문이다. 현재만이 과거를 회상하는 영원의 통로이기 때문이다. 벤야민에 의하면 역사적 경험들이 등장하고 있는 현재(das Aktuelle)는 역사 속에서의 영원의 순간적 확증이다.[12] 원한의 회복을 위한 무언가가 일어나는 순간 역시 현재이기 때문이다. 그에게 회상은 역사적인 것을 현재로 압축하는 것에 다름 아니다. 종말론적 사건인 대회복(Apokatastasis)을 위하여 전 과거가 현재 속으로 "소환"되는 구체적 순간을 벤야민은 역사적 사건의 흐름이 "성좌식" 결정(結晶)으로 응고되는 순간이라고 말한다. 이때 비로소 우리의 생활은 자본주의의 꿈에서 깨어나 역사신학적 범주로 대체된다는 것이다. 따라서 벤야민

---

11) Benjamin, "Passagen-Werk", GS V, 577면.
12) 이 책, 54면.

에게 있어 역사의 모순을 드러내는 분노의 신학, 즉 사적 유물론
에 의해서 달성하고자 하는 것 역시 결코 해방이 아니라 구원이
다.[13] 천국이 영혼이 가난한 이들의 것이듯 (과거에서 이미) 멸시
와 모욕을 당한 역사의 희생자들에게 주어지는 것은 구원인 것이
다. 역사 속의 치욕은 구원을 기다리는 미완의 고통이며, 이의 회
복은 역사의 끝이 되고 말 종말론적 신적 기획인 것이다. 따라서
대회복을 위한 회상의 척도는 "신의 기억"(ein Gedenken
Gottes)[14]이라고 말한다. "역사는 비신학적 방식으로는 인지되지
못한다."[15] 벤야민에게 있어서는 사적 유물론 역시 역사의 "근원
현상"을 구체화시킴으로써 잃어버린 신적 계시를 회복하려는 회
상의 한 형식인 것이다.

　끝으로 벤야민의 역사 인식에 관한 이상과 같은 역자의 생각을
"옮긴이의 말"로 대신하며, 벤야민 자신의 글 못지 않게 난해한
글쓰기로 구성된 원문의 독해에 영역본이 큰 도움이 되었음을 밝
혀둔다.

　그리고 이 책의 번역이 가능하도록 많은 수고를 아끼지 않았던
라이엔 교수님께 특별히 감사드리며, 동료 교수 정완식 교수님께
도 마음으로부터의 감사를 전하고 싶다.

1999년 12월
김득룡

---

13) Benjamin, GS III, 537면, 이 책, 54면 참조.
14) Benjamin, GS IV, 10면, 이 책, 55면 참조.
15) Benjamin, "Passagen-Werk", GS V, 589면.

차례

머리말

    실패로 점철되었던 발터 벤야민(Walter Benjamin)의 생애는 오늘날의 그의 영향사적 명성과 놀라운 대조를 이루고 있다. 흔히 행복이나 돈벌이라는 세상의 기준으로만 본다면 사실상 실패의 역사로밖에 보이지 않는 벤야민의 생애는 그의 작품들이 수용되고 출판되고 있는 (오늘의) 운명에 역설적으로 투영되어 나타난다. 그가 세상을 떠난 1940년 이후 오랜 세월이 흐를 때까지 그가 남긴 작품들과 수필들은 거의 찾아볼 수 없었으며, 그의 평론과 라디오 방송을 위한 글들과 주요 미간행 글들도 구할 수 없었다. 그러나 (그 후) 쏟아져나온 참고 문헌들은 벤야민 자신이 출판할 수 있었던 고작 한두 권의 큰 저작들과는 선명한 대조를 이룬다. 브로더젠(Brodersen)의 《서지 비평》(*Bibliografia critica*)에는 1983년 이전까지 나왔던 참고 문헌들의 제목이 거의 1,000여 가지가 등재되어 있고 이러한 증가세는 줄어들 기세를 보이지 않는다.[1]

---

1) 마르크너(Markner)와 베버(Weber)의 《벤야민에 관한 문헌록》(*Literatur über W. Benjamin*, 1993)에는 1983년 이후 9년 사이에 2,100편이 넘게 수록

벤야민에게서 영감을 받아 수많은 이론적 주장들을 전개한 적이 있는 테오도르 아도르노(Theodor Adorno)의 덕택으로, 비록 많은 오류가 있기는 했지만, 1955년에 벤야민의 작품 일부가 처음으로 출판되었던 것은 다행스런 일이었다. 이 《글모음》(*Schriften*) 판에 뒤이어 1961년과 1966년에는 "선집"(Ausgewählte Schriften)[즉 《계몽》(*Illuminationen*)과 《새로운 천사》(*Angelus Novus*)]이 나왔고, 연이어 단행본들이 출판되었으며, 그 후 롤프 티더만(Rolf Tiedemann)과 헤르만 슈베펜호이저(Hermann Schweppenhäuser)가 편집한 《전집》(*Gesammelte Schriften*)이 1972년부터 속간되기 시작했다. 1989년 말 이 전집의 마지막 권이 출판되자, 곧바로 이 전집의 편집 원칙을 놓고 또 한 번의 뜨거운 논쟁이 벌어졌다.

벤야민의 작품들은 극단적인 것들을 통해 시도되는 사유라는 말로 (그 성격을) 규정할 수 있다. 이 책에서 우리는 바로 이것을 체계화하여, 그의 가장 중요한 주제들을 간단하게라도 묶어 제시하고자 한다. 마지막 장에서는 벤야민의 작품들이 오늘날의 철학적 담론에서 어떤 위치를 차지하는지에 대하여 상세히 다루고자 한다. 우선 벤야민의 작품이 지니고 있는 성격에 대해 몇 마디 하는 것으로 이야기를 시작한다.

인간 벤야민(심지어 그의 유년기까지를 포함하여)이 겪은 것들과, 심지어 이민자로서의 운명이 그를 엄습하기 이전부터 그가 늘 망명 상태에 있었다는 사실은 그의 작품에 있어서도 적용되고 있다.

30년대 초에 쓰인 벤야민의 자전적 글 《1900년경의 베를린 유

되어 있다. 영어 번역판―옮긴이 주.

년 시절》(*Berliner Kindheit um neunzehnhundert*)는 소년 벤야민이
자신과 자신의 환경 사이에 설정했던 거리를 보여준다. 나무 밑둥
에 둘러쳐져 있는 철 고리, 안뜰, (벤야민이 "Mark-thalle"[2])라고 이
해하고 있는) "아케이드 상가"(Markthalle)라는 말, 그리고 학교의
시계 등은 영원한 수수께끼일 수밖에 없는 세계에 관한 암호들이
다. 벤야민이 선물 주머니라고 여기고 숨겨진 "선물들"을 꺼내기
위해 새로 빨아서 말아올린 양말 속을 뒤지던 모습을 기술할 때,
우리는 우리 앞에 놓인 그의 작품의 모형을 보게 된다. 불가해한
존재들을 파악하는 일은 가장 눈에 띄지 않는 사물들에 의해 촉
발된다. 왜냐하면 그 불가해한 존재들은 자신을 드러내기 위하여
물질을 필요로 함에도 불구하고, 그들의 실재는 덜 물질적일수록
더욱더 확실하게 되기 때문이다.

　여기에서 우리는 그의 유년기와 그의 후기 작품들을 연결해 주
는 하나의 교량을 그려낼 수 있는데, 그것이 이른바 《파사주》를
이루고 있는 한 묶음의 원고뭉치이다. 벤야민은 극히 일상적인 현
상들 속에서 한 세기와 한 문화의 감추어진 소원과 꿈을 드러내
보인다. 그는 파리의 상가들을 통해 경제 질서가 고대의 신화적
기능을 담당하던 한 사회의 기록을 읽어낸다. 회랑 상가 속에 진
열된 물건들을 바라보는 가운데 그 스스로 상품이 되어버리는 유
랑자는, 호메로스(Homeros) 자신이 그리고 뒤이어 호르크하이머
(Horkheimer)와 아도르노가 《계몽의 변증법》(*Dialektik der*

---

2) 원래대로 말하면 "markt-halle", 즉 아케이드식 구조로 된 상가인데, t자를
halle에 붙여 씀으로써 의미를 알 수 없는 수수께끼의 말로 만든 것. 독일 화
폐 "마르크"와 미국 화폐 "달러"를 연상시키는 발음들의 결합인 듯하다—옮
긴이 주.

Aufklärung)에서 기술했던 것처럼, 자기 정체성과의 관계라는 문제를 안고 있는 오디세우스(Odysseus)의 회생을 의미한다. 상가를 배회하는 매춘부들은 쾌락의 상품성을 입증하는 것으로서, 당대에 출현한 사이렌들의 모습인 것이다. 이 두 가지는 고전적 모형의 자본주의적 반복일 뿐이다. 양자에서 분명한 것은 사용 가치가 환상으로 전락했고, 그 대신 교환 가치가 통제하고 있다는 점이다. 불행이 절정에 달했던 바로 그때, 상황은 섬뜩하리만큼 무섭게 뒤틀리게 되는데, 그러나 그것은 구원의 가능성을 의미하게 된다.

일상적 사물, 건축물, 실내 장식 등을 관찰할 때, 우리는 꿈속에 잠들어 있는 19세기 사람들을 발견하게 된다. 우리가 다루고 있는 사물들은 한편으로는 기능적·경제적으로 규정되어 있다. 그러나 또 다른 한편으로 그것들은 세계에 대한 철저한 신화적 이해의 표현이다. 세계 박람회의 유리 궁전과 철제 골조들, 기차역, 공장, 그리고 회랑 상가 등은 원시 시대 이래 불안정하기만 했던 내외 관계의 구조가 지속되고 있음을 보여주고 있을 뿐만 아니라, 무엇보다도 자연의 지배를 받는 우리의 신화적 사유 구조를 나타내고 있다. 자본주의적 사회 체제는 이것(신화적 사유)의 대체가 아니라 이것의 변형일 뿐이다. 이 신화적 속박을 분쇄하기 위하여 우리는 해방된 미래 세대의 이상에 의해서뿐만 아니라, 우리의 선조들이 겪은 억압의 실재에 의해서 인도되지 않으면 안 된다. 그리러므로 우리의 시선은 "역사철학 명제"(Geschichtsphilosophischen Thesen)에 등장하는 천사의 시선처럼 과거를 지향하고 있어야 한다.

벤야민은 그의 언어철학에서, 끝내 20세기의 대재앙을 초래하고야 말 이 시대의 오도된 산업 기술의 수용에 맞서고 있다. 벤야민에게 언어는 처음부터 혹은 본질적으로 의사 소통의 수단이 아니라, 무엇보다도 세계가 우리에게 자신을 드러내는 수단이며, 사물과 인간의 영적 본성이 전달되는 수단인 것이다. 이 영적 본성이 바로 언어 그 자체이다. 이러한 정의에서 볼 때, 실천적·생산적 행위를 위해서이건 규범과 가치의 의사 소통을 위해서이건, 언어를 수단화하는 모든 것은 언어의 파생적 형식일 뿐이다. 언어의 "계시적 속성"(Offenbarungscharakter)은 언어와 (역)신학 간의 내재적 관계를 가시화한다.

벤야민에 의하면 "언어"는, 그의 논문 "독일 낭만주의에서의 예술 비평 개념"(Der Begriff der Kunstkritik in der deutschen Romantik)에서 주장하듯이, 예술 작품의 완성으로서의 비평 개념에 밀접하게 연관되어 있다. 계시와 비평이라는 두 가지 시각은 그가 독일 비극을 중심 주제로 삼을 때 두각을 나타낸다. 그가 "언어"라고 부르는 것의 구체적 예시로 꼽는 바로크 시대의 독일 비극에서 그는 극단의 것들을 찾아 나선다. 권위적 태도를 가지고 반목과 갈등을 다루는 철학 유형인 변증법적 철학과 달리, 벤야민은 갈등을 종합으로 끌고 가지 않는다. 그는 구원의 개념은 결코 인간적 계획이나 조작의 결과로서 이해할 수 있는 것이 아니라고 여기고 그것이 담겨질 장소를 마련하기 위하여 (갈등의) 양극단들을 상호 충돌시킨다. 구원은 역사적 과정의 결과물이 아니라, (어떻게든 도달된다면 그것은) 매개되지 않은 채(unvermittelt) 당도할 지점인 것이다.

근본적인 의미에서 신학적인 이 구원 개념은 벤야민의 사유에서 핵심적인 위치를 차지한다. "역사 개념에 관하여"(Über den

Begriff der Geschichte, I 693)의 제1명제에 의하면, 오늘날 신학이 무언가를 수행하기 위해서는 자신을 숨기지 않으면 안 된다. 벤야민의 신학을 어떤 형태의 교회적 독단론과 혼동해서는 안 된다. 그의 신학은 우리 사유의 필수 요건인 동시에 "사적 유물론"을 그 필연적 반립으로 하는 형이상학적 사변의 극단적 모습을 띠고 있다. 신학과 정치적 사유는 극단들의 공존으로 파악되지 않으면 안 될 하나의 총체를 형성한다. 이러한 사고는, 일찍이 벤야민이 언급했던 것처럼 (논증적) 일관성을 지닌 결론(Konsequenz)을 요구하는 것이 아니라, 근본적 극단성(Radikalität)을 요구한다.

벤야민의 역사철학은 정치적 성좌뿐 아니라 산업 기술적 성좌까지도 역사적·체계적 관점에서 분석하는 그의 예술론과 얽혀 있다. 여기에서도 신화에서 파생된 원형적 이미지를 전거로 삼는 것은 더욱더 합리적으로만 구성되어 가고 있는 우리의 도시 환경과 생활 조건을 구체적으로 이해하는 데 필수적이다. 현재에 대한 우리의 이해는 동굴과 지하계(지옥과 혼돈), 미로와 폐허에 대한 원형적 체험으로 표현된다. 알레고리의 신화적 속박을 깨뜨리는 이러한 이해는 충격과 단절의 힘에 의존한다. 왜냐하면 우리의 지각과 역사의 연속성은 지배 세력들이 자신들을 제시하는 수단이기 때문이다. 벤야민은 이들에 맞서 역사적 변증법의 관성력을 정지시키고, 그리하여 역사 속의 구원이 아니라 역사로부터의 구원을 상상할 수 있게 하는 정신적 이미지들을 제시한다. 이러한 이미지들은 "감촉적"이며 충격적인 지각을 구체화한다.

벤야민의 "인간학적 유물론"(anthropologisch Materialismus)에서는 위험 수위가 높아만 가는 외적 자연과 산업 기술과 인간적 자연 간의 관계가 다루어진다. 19세기와 제1차 세계 대전을 통해 체험한 산업 기술의 오도된 수용은 인간과 자연의 관계를 자연에 대한 인간의 지배도 그 역도 아닌, 인간과 자연 간의 관계의 정복 (Beherrschung des Verhältnisses von Mensch und Natur)으로 생각 하지 않으면 안 되게 한다. 이와 동시에 개인과 집단의 행동에 관한 생각의 전환이 일고 있다. 서로 반대편으로 전도되고 있는 열광과 훈련이라는 극단들은, 우리를 이론적·실천적으로 무장시켜 "인류의 갱생"을 향한 노력으로 나아가게 한다.

우리의 행동과 우리의 문화 개념을 위한 언어의 중요성에 대한 오늘날의 담론에서 볼 때, 벤야민의 철학은 성찰의 보고이다. 그 러나 이러한 성찰은 그가 이룬 분석의 수준에 필적하는 논의가 나올 수 있을 정도까지 수용된 적이 한 번도 없었다. 이것은 특히 그의 매체 이론을 놓고 볼 때, 그리고 정치학적 사유와 행위의 분 야에서 철학이 담당할 역할에 대한 그의 이해를 염두에 두고 볼 때 더욱 그러하다. 이 책의 마지막 장에서는 이 문제를 다룰 것이 다.

제1장 필수적 형식들

그 어느 곳에서도 자신의 정치적, 종교적, 혹은 학문적 고향을 발견하지 못했던 발터 벤야민은 오늘날 사적 유물론과 부정신학과 심지어 문학적 해체주의를 주도하는 권위자로 꼽히고 있다. 이처럼 그를 수용하는 과정에서 혼돈이 일어나고 있는 이유는 그의 작품 자체에 원인이 있다. 그의 글들은 오늘날 이른바 "학제"(學際, interscience)라고 일컬어지는 영역에 속한다. 여기에서는 예술성이 통합적 인식의 매체가 된다. 벤야민은 자신이 분석에서 사용하고 있는 접근 방식의 성격을 다음과 같이 규정하고 있다. "그들(학문들)이 공유하는 계획적 의도가 있다면 그것은 학문들 간의 통일을 증진하자는 것이다. 이는 지난 세기에 학문 개념을 규정하던 학문간의 견고한 장벽을 점차 허물어가는 과정이다. 이 과정은 자신 안에서, 결코 특정 방향으로 영역을 제한하지 않은 채, 한 시대의 종교적·형이상학적·정치적·경제적 경향들의 종합적 표현을 인지하는 예술 작품을 분석함으로써 이루어진다"(VI 219).

이러한 시도는 벤야민 자신이 방법론적으로는 엄격했지만 체계적이지는 못했던 방식으로 연구를 수행했다는 사실로 인해 점점 더 복잡해져 간다. 체계의 형식1)에 대한 이상주의적 확신은 사유의 통일 속에 사색의 결론이 닻을 내리려는 희망만큼이나 영원히 되찾을 수 없도록 실종되어 버리고 만다. 그리하여 표상의 형식에 관한 질문은 비상한 의미를 지니게 된다. 역설적이게도 벤야민의 글들은 체계(의 형식)에 대한 철학적 요구를 겸손하게 사양해 버린다. 그의 글들은 수필·서평·주해·주석·비평문 등인 것이다. 그러나 이러한 형식들의 역사철학적 필요성을 오해하고 있는 사람은 그의 작품들을 잘못 이해하게 될 것임에 틀림없다.

벤야민에 의하면 모든 의미 있는 지식은 성서적 문헌의 심층에 있다. 이러한 이유 때문에 그의 문학 이론의 철학적 주장은 개별 분과 학문이 부여하는 어떤 제한도 받아들이기를 거부한다. 벤야민의 학문적 원칙은 흩어진 인식들과 경험들을 문학적 텍스트라는 볼록 렌즈를 통해, 형이상학적 질서에 따라 한곳으로 모으는 것이다. 이 과정에서 그는 철학과의 독특한 관계를 확립한다. 단적으로 말해서 철학적 사변은 신비적 태도를 취한다. 왜냐하면 텍스트를 잘 들여다본 자는 그 마술에 걸려 정신을 빼앗기고 말 것이기 때문이다. 그러나 바로 이것이 철학적 사변이 놀라운 인식력을 획득하는 방식이며, 벤야민은 과학적 객관주의로부터 이 힘을 구출해 내려는 것이다.

벤야민에게 예술 작품이란 해석 과정을 통해서만 존재하는 것

---

1) 저자들은 벤야민의 "Form" 개념이 단순한 "형식"을 넘어 플라톤적 "형상"(形相)을 연상시키는 것임을 암시하고 있다. 이 점은 4장과 7장(특히 78면) 알레고리론과 성좌론에서 확인할 수 있을 것이다. 따라서 극단들의 반립이 유의미하게 공존하는 총체를 의미하는 이 개념을 문맥에 따라 때로 "형상"으로 번역하겠다―옮긴이 주.

이다. 따라서 해석 대상(Interpretandum)은 직접적으로 주어진 어떤 것이 아니라, 처음부터 예술적 경험과 비판적 반성을 통해서 자신을 형성하게 된다. 그것은 탐구의 대상이자 동시에 결과물이다. 생산물(작품)과 해석 간의 매개는 양자의 시간 관계를 두고 볼 때도 중대한 의미를 지닌다. 비평가 벤야민은 예술 작품을 그 작품의 시대(과거) 안에서 기술하는 것이 아니라, 자신의 시대(현재)를 작품의 시대 안에서 기술하고 있다. 이와 같은 기술 과정을 통한 예술 작품의 시간화는 작품의 본질을 "영원 속으로 확대해 나간다"(Mikro-aeon).[2] 그리하여 그가 어떤 객관적 해석을 얻어내고자 할 때도, 그는 작품을 작품의 관념으로 해소시켜 버리기보다는 작품이 그 관념을 구성하는 역사적 요소로서 경험될 수 있게 하려고 애쓴다. 작품은 해석을 통해 그가 종종 라이프니츠(Leibniz)의 단자로 비유하곤 하던, 하나의 구조로 구체화되는 것이다. 그의 해석학적 절차가 가설로 삼는 것은 "인생살이(Lebenswerk)는 작품 안에, 시대는 인생살이 속에, 그리고 역사의 전 과정은 시대 안에 보존되고 영속된다"는 명제이다(I 703).

벤야민의 미학은 비평이라는 개념 안에서 그의 철학적 주장을 전개한다. 그가 보기에, 이러한 철학적 주장이 최초로 의미 있게 표현되었던 것은 초기 낭만주의가 칸트를 심미적으로 수용했던 때이다. 비평 개념은 프리드리히 슐레겔(Friedrich Schlegel)에 의해 최초로 "신비적 용어" 속으로 유입된다(I 50). 초기의 낭만주의적 비평은 순수한 실증주의적 방식에 따라 비평 대상 교재에

---

2) Mikro는 작은 것을 확대한다는 뜻으로 쓰였고, aeon은 무한 시대를 뜻한다. 따라서 Mikro-aeon은 무한 소립자의 영원 속으로의 확대를 의미한다—옮긴이 주.

담긴 의식을 고양시키는 일에 힘써왔다. 즉 작품 자체에 담긴 성찰을 작품의 실제적인 자기 의식의 수준에 이르기까지 끌어올리는 것이다. 초기 낭만주의에 의하면, 심미적 비평은 예술 작품의 근저를 이룰 뿐만 아니라 작품의 형식을 빌려 자신을 표현하기도 하는 (동일한) 성찰을 근거로 삼는다. 그러므로 낭만주의 비평은 판단하는 자세로 그 대상에 다가가기보다는, 예술의 절대적 본질이라 할 수 있는 지점에 이르기까지 대상을 고양시킨다. 비평자는 전적으로 주어진 형식의 내적 공간에 머물면서 대상을 완전하게 한다고 말할 수 있을 듯하다. 그러나 이것은 비평이 그 자체로서 어떤 시적 성질을 지니고 있다는 뜻은 아니다. 그것은 변증법적으로 자율적인 성격을 띠는 형식을 구성한다. 낭만주의적 비평은 예술 작품 자체 내에서 그 의식을 강화시킴으로써 작품과 관념들의 질서를 연결시킨다. 따라서 이러한 자기 선언을 두고 볼 때, 비평은 결코 단순히 사변적이지만은 않다. 그것은 해석을 통해서 작품 속에 개입하는가 하면, 진리를 전개함으로써 작품으로부터 떨어져 나오기도 한다.

벤야민은 비평 과정을 하나의 구원의 형식으로 본다. 왜냐하면 비평 과정은 변증법적으로 내재하되, 해석하는 것이지 부정하는 것은 아니기 때문이다. 이 구원적 비평은, 헤겔에게서처럼 새로운 형식을 향한 결연한 부정이 계속되지 않는다. 왜냐하면 이 구원적 비평이 각인되어 있는 역사철학 과정 자체가 정신의 이념적 자기 고양을 목표로 하고 있다기보다, 오히려 그것의 해체를 지향하고 있기 때문이다. 비평은 퇴락을 하나의 전환으로 간주함으로써 구원을 수행한다. 즉 파괴함으로써 건설하는 것이다.

"비평이 이 모든 시적 산물에 대한 객관적 권위가 되게 하는 비평의 정당성은 그 산문성에 존재한다. 비평은 모든 작품의 산문적 핵을 표상하는 것이다"(I 109). 낭만주의 비평과 비교할 때, 현대 비평은 그 성격상 일종의 "작품의 괴사화(壞死化)이다. (낭만주의에서처럼) 작품 속의 의식을 고양시키는 것이 아니라, 지식을 작품 속에 고착시켜 버리는 것이다"(Br 323). 쉽게 말해서 현대 비평가들은 자신의 특정 지식을 자신들의 대상 속에 묻어두는 일에 용감히 끼어든다. 벤야민의 예술론은 언제나 "세속의 비평 속에 고원한 사상을 담으면서"(III 383) 작품의 형식적 전통 속으로 이행해 들어간다. 그는 전통적 작품들(Texte)을 생생히 재현시키는 방식으로 자신의 고유한 생각들을 정당화한다. 그의 정련된 해석 작업은, 자신의 의도가 결국 그 작품들이 표현하려고 했던 의도임을 인정하는 것들로 이루어진다. 따라서 벤야민 예술론의 기본 이념은, 주제로 삼고 있는 작품에 맞서 있는 자신이 그 작품의 "참된 비평가, 즉 그 작품을 위해 태어난 자"임을 실질적으로 인정하는 데 있다(III 398). 카프카와 벤야민의 관계는 이러한 생각의 한 모형이다. 그는 카프카의 "해석적 천재성"(Genie der Interpretation, II 1267)에 대해 자신이야말로 그것을 다루기 위해 태어난 비평가인 듯 행동했다. "카프카의 소설들은 해석적 행위의 효과에 대한 증거이다. 해석은 언제나 중심에 서 있다"(II 1229).

벤야민 예술론의 비평적 권역에서는 "주석가적 태도"(Br 368)가 (비평 영역과의) 경계를 구획짓는다. 그것은 문학 평론에 기여할 수 있도록 되어 있는 유대적 전통의 주석을 의미한다. 기원적으로 이런 작업의 모형은 성서 원문에 대한 주석이었다. 벤야민은 주석에서 전개하는 일을 철학이라 했다. 주석이야말로 가장 적법한 철학의 형식으로 본 것이다. 우리는 낯선 작품들을 해석적으로 발전시킴으로써 우리 자신의 생각을 표명하고 정당화하지 않으면 안 된다.

벤야민은 "괴테의 선택적 친화력"(Goethes Wahlverwandt-schaften)이라는 긴 논문에서 주석에서의 표상 형식과 비평에서의 표상 형식 간의 엄격한 구별에 대해 논하고 있다. 그는 여기에서, 자신의 정확하고 꼼꼼한 철학적 작업에도 불구하고 자신은 주석이 아니라 비평을 수행하고 있다는 점을 강조한다. "비평은 예술 작품의 진리 내용을 찾는 반면, 주석은 그 사실적 내용을 찾는다" (I 125). 그러나 이 진리 내용이 사실적 내용과 관계없이 독립적으로 파악될 수 있는 것은 아니다. 이런 이유로 해서, 작품이 역사 속에서 우리로부터 더 멀리 떨어져 있으면 있을수록, 주석은 비평을 가능하게 하는 전제 조건이 된다는 점이 더욱 명백해진다. 왜냐하면 작품의 고유한 특성이 더 이상 수용자들의 세계에 존재하지 않을 때 그 진가는 극명히 드러나기 때문이다. 그러므로 작품의 역사는 작품에 대한 철학적 비평을 위한 준비라고 보아도 좋을 것이다. 왜냐하면 이 역사 과정 속에서 작품의 진리 내용과 그 사실적 내용은 점차 갈라서게 되기 때문이다. 따라서 비평가는 무엇보다도 먼저, 주석가가 그렇게 하듯이, 소외되어 가고 있는 작품의 참된 고유성을 찾는 데 몰두하지 않으면 안 된다. 벤야민의 후기 작품들 속에서는 이 참된 특성들에 대한 주석이 그의 철학화를 위한 실제적 매개체가 된다. 《파사주》(Passagen-Werk)는 19세기의 사실적 내용에 대한 주석으로 여겨지는 현대를 비평한 것이다.

하나의 철학적 형식으로서의 주석은 특수한 변증법적 표상이라는 특징을 갖는다. 벤야민은 이 변증법을 신학적 유산과 세속적 작품의 틈새로부터 발전시키고 있다. 문학 작품들을 포괄하기 위하여 경전의 카발리즘적 개념을 확장시키면, 그것은 곧 역방향으로 전개된 전적으로 세속화된 신학과 조응하게 된다. 주석 형식의 신학적 성격은 심지어 가장 현대적인 작품의 해석에 나타나는 권위주의적 요소에서도 극명하게 드러난다. "주석은 원전의 고전성을 가정하고 있기 때문에, 말하자면 어떤 편견으로부터 출발하고 있다"(II 539). 벤야민의 해석 작업은 몇 개의 단계로 구분된다. 첫 단계는 원전에 담긴 잠재적 내용을 알리는 해석이다. 그 다음 단계에서는 "비비평적 주석에 담긴 심층적 허위성을 피하기"(Br 629) 위하여 문헌학적·실용적 해석이 뒤따른다. 그 뒤에 오는 단계는 "사회적 의미의 비판적 해석"(Br 774)으로서, 최종적으로 예술론적 시각과 사회적 비판이 겹쳐지는 "종합적" 해석(II 313)으로 이행하지 않으면 안 된다.

이것이 벤야민의 표상 기법 일반인데, 그는 늘 자신의 사회적 비평 명제들을 "중요 문학적 증언에 대한 해석으로 재구성하려 한다"(Br 796). 그의 예술론은 순수 형태로는 스스로 정당화될 수 없었던 전통적 지식의 기록을 엮어나갈 때 작품들로 무장하고 작품들에 의해 보호받는다. 이렇게 볼 때, 타인의 작품에 대해서 말할 뿐이라는 "해석자의 겸양"(II 347)은 극도로 모호한 것이 되고 만다. "모든 인간적 지식은 정당화되기 위해 해석의 형식을 취하지 않으면 안 된다"(Br 323)고 하는 통찰은 해석에 임하는 자들의 습관적 태도인 것이다.

"역사 개념에 관하여"라는 유명한 제1명제에서, 신학은 사적 유물론에서 피난처를 찾아야만 했듯이, 역사철학적 의미에서 (그 어느 곳에도) 뿌리를 박고 있지 못한 그의 형이상학적 의도 역시

(이제) 원전의 주석에서 피난처를 찾는다. 신비주의는 해석이라는 매개를 통해서 계몽으로 전환된다. 벤야민의 글들은 개인의 미약한 견해들이 녹아들어 이루어진 한 단계 높은 차원의 객관성을 주장함으로써 비의적(秘擬的, esoterisch)인 성격을 띠게 된다. 그러나 저자가 자신의 대상을 선호한 나머지 자기 해체에 이르기까지 자신을 단념한다면, 그는 (사물에) 형상을 부여한다 할지라도 더 이상 아무것도 직접적으로 성취하는 게 없을 것이다. 그러므로 해석적 성찰의 통일성은 오직 성찰 대상에 의해서만 창조되는 것이다.

현상학자들의 경우에서와 마찬가지로 벤야민의 평론에서는 아무런 설명적 연결이나 논증적 추론도 발견되지 않는다. 평론적 사유는 자신의 표상 그 자체 내에서 자신을 정당화하지 않으면 안 된다. 초기 낭만주의에 관한 단편에서 우리는 평론적 객관성의 원형적 모형을 볼 수 있다. 이것은 명제의 검증 가능성으로 자신을 평가하지 않는다. 평론의 형식은 세계와 개인적 경험 간의 필수적 관계의 역사적 경계선상에 서 있다. 벤야민은 초기 낭만주의자들처럼 자신의 시대를 하나의 텍스트로 간주하며, 전통적 작품들을 역사철학의 암호로 여긴다.

전통적인 문학사는 저자의 기능을 통해 전통적 작품들을 개별화했다. 저자는 글의 작품으로서의 성격을 보증한다. 그러나 하나의 텍스트가 그 역사적 증언으로서의 성격을 잃는 것은 (저자로서가 아니라) 바로 작품으로서이다. 이를 역으로 말하면, 텍스트는 저자와의 관계에 있어서는 아무런 역사적 의미도 가지지 못한다. "각인(刻印) 작업"으로서의 글쓰기는 역사적 사건에 대한 증언일 뿐, 어떤 창작적 작업의 주체 자신에 관한 증언은 아니다. 이러한 근본적인 구별로부터 출발하여 벤야민은 전통적 텍스트들을 두 가지 범주로 정리하고 있다. 그 하나는 작품과 저자성(Autorschaft) 개념에 의해 정의된다. 그러나 또 다른 범주의 텍스트는 저자성 개념에 대하여 의심의 눈길을 보낸다. 왜냐하면 텍스트와 "저자와의 관계는 우연히 만나는 어떤 실용적·역사적 증거(각인)와 그것을 만든 사람과의 관계만큼이나 무의미하기 때문이다(Br 220).

벤야민은 정치적 자각이 있는 오늘날의 저자를 이러한 각인의 범주에서 하나의 생산자로서 발견한다. 이때 저자의 의도는 텍스트를 창조하는 과정에서 변화를 겪게 된다. 동시에 저자의 (자신을 어떤 일정한 양식에 맞추는) 자기 양식화는, 말하자면 "글쓰기를 통해"(Br 378) 생산자로서의 경험으로 귀착되고 만다. 그리하여 "저자의 지성"은(II 388) 저자의 의도라는 것에 대해 근본적으로 회의하는 가운데 주장된다. 현대 저자들의 지성이란 것은 기술적 지성일 뿐이다. 이러한 이유로 해서 벤야민은 자신을 지식사회학적 용어로 정의하기보다는 기능적 용어로 정의한다. 글 쓰는 자, 즉 생산자로서 의도적으로 실천적 장에 들어가는 자는 저자를 없애버린다. "글쓰는 자들은 '나'라는 작은 단어를 자신들의 비상식량처럼 여기는 일에 익숙해 있어야 한다"(III 68). 이 제1인칭의 표상 형식 속에는 주관의 매춘이 숨어 있다. 벤야민은 이러한 위험에 저항하는 자기 훈련을 통해서 자신의 문체에 대한 자기 확신을 획득했다. 《베를린 연대기》(Berliner Chronik)와 같은 자전적인 글에서 그는 회고하기를 "만일 내가 동시대의 대부분의 작가들보다 독일어를 더 잘 쓰고 있다면, 그것은 아마 내가 20년 동안 하나의 단순한 규칙을 지켜왔기 때문일 것이다. 그 규칙이란 "편지 쓸 때를 제외하고는 '나'라는 말을 쓰지 말 것"이다(VI 475).

따라서 저자가 기능적 생산자로서의 자신의 담론적 행위를 성찰하고 있다는 사실은 벤야민의 논평들을 구성하는 객관적 상황의 단지 일부분일 뿐이다. 동시에 일반적인 사회적 생산의 덕택으로 "저자성을 획득"할 수 있는 길이 열리고 있다. 그리하여 저자로서의 기능은 원칙적으로 글 쓰는 다양한 개별자들에 의해서 수행될 수 있게 되며, 그것은 수많은 주관적 태도들과 생산성의 익명적 유형들을 나타나게 한다. 이와 같은 "생활 조건들의 문학화"는 시적으로 표상되는 삶에 담겨 있을 낭만주의적 유토피아가 세속적으로 이행된 것이라고 이해해도 좋을 것이다. 그러나 텍스트 생산의 정당성은 저자가 제공하거나 대리 희생물을 바침으로써 얻어지는 것은 아니다. "작품 자체가 말할 기회를 포착한다는 것이다. 작품의 언어적 표상은 작품의 완성에 요구되는 능력의 단지 일부분일 뿐이다. 문학적 권위는 더 이상 전문화된 교육에 근거하지 않고 종합 기술 교육에 근거하고 있기 때문에, 그것은 공동의 자산이다"(II 688).

초기 낭만주의 비평가들은 단순히 작품을 창조하는 표상만을 요구했던 게 아니라, 이미 표상하는 자의 표상(Darstellung des Darstellenden)을 요구했다. 벤야민은 이러한 요구를 평론가적 규범으로까지 끌어올린다. 즉 텍스트의 생산을 생산 수단에 대한 변형 작업을 통해 매개되는 차원에까지 끌어올린 것이다. 기술적으로 진보하는 모든 구성물은 표상 수단을 조직하는 하나의 요소가 된다. 따라서 저자에 의해 생산된다는 의미의(schriftstellerisch Produktion) 작품으로서의 성격은 점차 모형(모델)으로서의 성격에게 자리를 내주고 있다.

이러한 주석과 비평, 평론과 번역으로서의 겸손한 표상 형식에 벤야민이 놀라우리만큼 관심을 쏟은 사실을 통해 우리는 한 가지 분명한 결론에 도달한다. 이러한 겸양의 "이차적" 표상들 속에는 현대 작가들의 임무를 규정하는 필수적 형식들이 감추어져 있다는 점이다. 이제 우리는 벤야민이 어떻게 비평가의 입장에서 이 임무에 접근하고 있는지를 보여주려고 한다. 이 과정에서 진정한 비평적 태도 속에서는 "파괴적" 국면들이 주도권을 쥐고 있다는 사실이 분명해질 것이다.

작가의 임무에 대한 벤야민의 정의는 전적으로 구체적인 역사적 경험에서 나온다. 이른바 자유 기고가는 쇠퇴할 운명에 처해 있다. 왜냐하면 그는 임노동과 자본 간의 투쟁 속에서 궤멸하고 말 "중산 계급"의 일원이기 때문이다—이것이 양차 세계 대전 사이의 유럽에서의 계급 상황이었다. 늘 그렇듯이, 벤야민은 러시아에서 전개되고 있는 상황들로부터 구체적인 유토피아를 읽는다. 즉 그는 "자유 기고가"가 쇠퇴하는 현상 속에서 지성적 관료(Funktionär)로 전환할 가능성을 보는 것이다. 자유 기고가는 자신의 작품으로 하여금 어떤 기능(Funktion)을 담당하게 하고, 그 자신은 혁명 계급의 행동 대원이 되는 것이다. 글쓰기가 어떤 기능을 담당하게 되는 것은 그것이 특정 계급의 언어적 형식들과 생활 형식들이 제공하는 자료들을 취하여, 변형된 형식으로 내어놓을 때 가능해진다. 이런 관점에서 볼 때 자유 기고가의 환영(幻影)은 문학적 비전(秘傳)이라는 사치스런 상품을 시장에 내다 파는 공급자의 형식과 역사적 과업을 수행하는 자의 형식이라는 극단적인 형식들로 분해된다. 요컨대, 벤야민은 부르주아 저자를 "유행의 명령"(VI 445)과 "지적 창조 영역에도 존재하는 독재"(IV 339) 간의 날카로운 반립(反立)으로 양극화하고 있는 것이다.

벤야민은 대단한 야망을 품고 아마도 그의 최고의 성공작이 될 작품을 쓴다. 그것은 당대의 저자성의 형식에 관한 성찰을 담고 있는 《일방 통행로》(*Einbahnstraße*)라는 제목의 경구 모음집이었다. 이러한 성찰들은 "진정한 문학적 활동은… 문학적 틀 내에서는 (발생)할 수 없다"는 명제 속에서, 오로지 모순적으로 보이는 방식을 통해 무르익는다. 왜냐하면 오늘날 결정적인 문학적 효과들은 더 이상 어떤 견해나 신념들의 수사학적 차원에서 오는 게 아니라, 사회적 사실의 객관적 차원에서 오기 때문이다. 이처럼 "삶의 건설"을 위한 전문적 지식이 사실들로부터 나올 때, 그것은 작가의 임무를 순수 문학의 영역으로부터 해방시킨다. "사회적 삶의 거대한 기구"에 필적하는 무엇이 되겠다는 열망을 품는 저자성은 "영향력 있는 활발한 공동체들을 향하여—전단이나 소책자, 신문 기사, 포스터 등 책이 요구하는 보편적 몸짓보다—그러한 공동체들에게 더 적합하게 어울릴 어떤 모순적 형식을 개발하지 않으면 안 된다. 이러한 직접적 언어만이 효과 면에서 현재의 이 순간에 필적하고 있음을 입증한다"(IV 85).

　현대의 저자성이 지녀야 할 필수 형식들에 관한 벤야민의 성찰은 1) 새로운 예술 형식의 필요성, 2) 프롤레타리아 생활 형식과 언어 형식 간의 통합, 3) 신문의 저널리즘적 독점 등 세 가지 역사적 측면들을 연결시키려 한다. 이런 측면들은 종합적으로 사유되지 않으면 안 되는데, 이렇게 하여 언론 매체를 통해 전통적 문학 형식을 전복시키는 일이 새로운 형식의 선결 조건임이 명백해진다. 벤야민은 이러한 변증법을 "심층적 퇴락"과 "회복"의 관계라는 이론적 용어로 파악한다. 문학적 형식은 신문에 의해 폐위됨으로써 "깊이"를 상실하게 되는 반면, "넓이"를 얻게 된다. 오늘날에는 (언론을 통해) 정보를 얻은 대중 자신들이 직접 저자가 되는 길이 넓어졌기 때문이다. 그러나 벤야민이 예술과 대중성 간의 이율 배반의 문제가 해결될 수 있다고 말하는 건 아니다. "삶의 조건을 문학화"하는 그의 구체적 유토피아는 이 이율 배반의 통제를 목표로 한다(VI 446).

이러한 세계의 문학화 프로그램은 매우 변증법적인 것이기 때문에, 참된 작가는 이에 부응하는 삶을 살기 위해 동일하게 복합적인 태도를 견지하지 않으면 안 된다. 이때 무엇보다도 글 쓰는 자가 자율적 주체라는 생각을 버려야 한다. 그의 일상사는 자족적 의식의 사건들이 아니라, 충격을 피하고 충격을 통찰로 바꾸는 정신의 평정으로 구성되어 있다. "누가 감히 참된 작가의 내부에 장착된 경보 체제를 어림해보려 들겠는가? 그러므로 '글쓰기'야말로 그 경보 체제를 가동시키는 일에 다름 아닌 것이다"(IV 138). 그런 까닭에 사유와 글쓰기를 분리하는 것은 벤야민에게 전혀 무의미한 일이다. 왜냐하면 글쓰기는 사유를 교육하고, 그것을 실재로 바꾸어놓기 때문이다. 글쓰기는 단지 사유의 표현이 아니다. 그에 의하면 글쓰기로부터 몸을 빌려 얻어 쓸 "정신"이란 존재하지 않는다. 오히려 진정한 작가는 자기 정신의 모든 것을 언어라는 몸(Sprachkörper)의 "훈련"에 쏟아붓는다. 이 비유는 우리를 저 자성에 대한 벤야민 이론의 핵심에 접근하게 한다. "훌륭한 작가의 재능은 현명하게 잘 훈련된 신체에 의해서 시연되는 극과 문체를 수단으로 하여 사유에게 부여된다"(IV 429).

그러나 동시에 이러한 정신의 문학적 평정 훈련은 벤야민의 작가로서의 활동이 그에게 단지 하나의 일시적 활동 영역을 열어준 것에 지나지 않는다는 것을 의미한다. 이 임시성은 모호한 개념이다. 그것은 임시변통이자 예견이다. 참된 작가가 지녀야 할 필수적 형식들은 경험적·검증적 성격을 띠고 있을 뿐만 아니라, 다른 한편 그것들은 단지 전주곡일 뿐이다. 결국 미래의 종합을 요약한 것이자 그것의 예견인 것이다. 이 형식들이 필수적으로 여겨지는 까닭은 그것이 시간 속에서 범용으로 쓰일 것이기 때문이다. 그리하여 만일 한 작가가 어떤 희망에 찬 교리를 제시하는 대신 그 교리에 대한 주석을 내놓을 뿐이라면, 그것은 주관적 결여를 의미한다기보다는 역사적 상황과 그 속에서 있을 수 있는 일에 대한 객관적 표현인 것이다. "우리는 종종, 우리가 아직 종합적으로 표현해 낼 수 없음에도 불구하고 (타인의 견해에 대한) 어떤 비평적 분석을 통해 사물을 말할 수 있다"(Br 259).

그러나 작가로서의 자기 활동의 임시성은 현재 시간에 의해 요구되는 필수 형식에만 영향을 끼치는 것이 아니라, 그 형식의 대상들의 범위에도 영향을 끼친다. 벤야민의 분석들은 분명히 예술적 영역을 지향하고 있지만, 문학 연구에 체계적으로 기여하려는 목적을 갖고 있는 건 아니다. 이 점은, 특히 독문학 연구에 있어서, 그를 의심하는 비판과 오해를 불러일으키곤 했는데, 이러한 비판자들은 초기 낭만주의 선배들과 마찬가지로 벤야민 역시 비평 과정에서 순수 예술 범주들을 정치 이론과 역사신학의 범주들로 해체시키려고 애쓴다는 점을 깨닫지 못하고 있다. 벤야민에 의하면, 해석의 진실성을 입증하는 징표는 그 해석이 "우리에게 작품의 예시를 통해서뿐만 아니라 작품 그 자체 내에서 더 정확히 보도록 가르치고 있다는 것과, …전폭적인 비평은 예술의 경계를 허물어버린다"(VI 178 이하)는 사실에 있다. 비평은 주권적 권위를 지니고 있는 것으로서의 예술 작품과 관련해서 자신을 정당화하되, 예술적 평가를 통해서가 아니라 판단하는 말을 통해 자신을 정당화한다. 비평가는 예술의 경계를 허물어버림으로써 예술 작품을 도덕의 영역 안에 펼쳐 보인다. "비평가는 저자의 면전에서 판단을 가한다"(IV 108). 기존의 어떤 예술 개념도 저자와 비평가의 면전 대결이라는 이 개념에 견줄 만한 것은 없다.

그리하여 벤야민은 문학의 세계를 전장(戰場)이라고 정의한다. 비평가는 늘 전쟁 중이다. 논쟁이야말로 작가가 가지고 있는 파괴성의 요체이며, 예술 작품은 정신의 전장에 쓰이는 병기가 된다. 그러나 벤야민은 이 파괴력을 훨씬 더 물리적인 것으로 파악한다. 왜냐하면 판결문은 비판적 법정의 단지 한 모습일 뿐이기 때문이다. 비평가의 또 하나의 얼굴은 게걸스럽게 자신이 먹을 음식을 챙기는 식인종의 얼굴이다. "참된 논쟁자가 책을 대하는 모습은 마치 식인종이 요리하려고 잡아온 어린애를 보며 침을 흘리는 모습과 같다"(IV 108). 따라서 비평 과정은 이중의 의미를 함의하는 독일어 게리히트(Gericht)이다. 도덕적으로는 재판정의 판결을 의미하는 것이자, 식도락적으로는 영양가 있는 요리를 의미하는 것이다. (먹어치우는) 섭취와 판결을 연결시키고 있는 것은 사물의 본질을 드러내는 파괴의 힘이다.

그러나 비평이 지니고 있는 이러한 파괴적 기술이 어떤 비의적인 기능은 아니다. 그것은 오히려 열정을 가진 독자의 활동과 직결되어 있다. 벤야민의 생명 이론은 섭취에 관련된 은유들에 집중되어 있다. 그 이론은 "게걸스럽게 먹어치우는 독자가 되는 것"이라는 표현에 담긴 (다음과 같은) 함의들로 귀결된다. 1) 책은 인간의 "실체에 대한 갈망"을 해소하는 음식이자 성장을 위한 효소로 사용된다. 2) 섭취 행위에는 파괴의 쾌락이 담겨 있다. 3) 책은 세계의 실체를 독자가 먹을 자양분으로 요리한다. 이 섭취의 은유가 강하게 암시하는 것은, 근원적으로 책은 교육과 명상의 대상이 아니라 소비자의 물건, 즉 참된 "생활수단"(Lebensmittel)이라는 점이다. 책은 그것의 지적 교환 가치에 따라서가 아니라, 그것의 "감촉적" 사용 가치에 따라 소중히 여겨진다. 즉 지식의 보고이자 예치소로서, 그리고 일상적 행동과 종교적 행위를 위한 지침으로서의 가치 말이다. 그러므로 근원적으로 볼 때 독자와 책 사이에는 심미적 거리란 없다. 이런 상황은 어린이들의 독서에서 되풀이 되어 나타난다. 따라서 벤야민은 책을 인문학적 관점에서 바라보지 않고 "식품화학적" 요소로서 바라볼 뿐이다(IV 622). 독서는 식사인 것이다. 실체에 대한 갈증으로 인한 책의 섭취인 한 그것은 교육의 목적을 위한 것이 아니라, 우리 자신의 실체의 증가를 위한 것이다. 따라서 벤야민은 그의 섭취 은유(Einverleibungs-metaphorik)를 역사주의적 감정 이입론(Einfühlung)에 대한 간명한 반립으로 정형화하고 있다. 이 "섭취의 쾌감"은 열정적 독서가 "비평이 상투적으로 가정하는 독자의 기쁨, 즉 대체 체험과는 가장 날카롭게 대조되는 것"임을 보여준다. "그러므로 하나의 멋진 문맥, 예를 들어 어떤 성공적인 서론은 마치 식탁에 우아하게 차려진 요리에 군침을 삼키게 하는 유혹의 몸짓에 비유됨직하다. 그것을 바라볼 때 느끼는 쾌감은 눈앞의 그것을 파괴함으로써 얻게 되는 쾌감에 의해서만 배가된다. …어떤 형식의 세계도, 그것을 즐길 때, 이야기체의 산문과 같은 정도로 취해져서 소화되고 파괴되지는 않는다"(IV 1013).

그러므로 비평가의 파괴적 본성은 독서 행위 그 자체 위에 공고히 기초를 두고 있다. 탐욕스런 독자는 먹어치움(Einverleibung)으로써 읽는다. 파괴를 탐하는 입맛과, 형식들을 해체해 버리는 쾌감과, 세계의 실체를 먹어치우는 황홀감에 끌려 읽는 것이다. 이 생명의 먹어치우기라는 은유 체계는 저자성의 영역에서도 똑같은 의미를 갖고 있다. 벤야민은 산문 형식에 적용되는 요리 기술을 알고 있는 것이다. 산문적 형식 속에 "경험의 원초적 질료" (IV 1014)가 예비되어 있고 제시되어 있으며, 다른 한편 영양가 풍부한 음식물, 즉 작품은 비평 과정을 통해 논쟁적 방식으로 준비되고 제시되는 질료가 된다. 문학적 준비 과정과 탐욕스런 독서 과정에서 인간은 사물의 맛을 본다. 또한 영양을 제공하는 음식이 이미 원료 상태를 벗어나 있다는 "원초적 경험"에 대해서도 동일하게 진리이다. 따라서 벤야민은 소설의 시적 영감에게—단지 "수용되는" 게 아니라 "송두리째 삼켜지는" 책들에게 해당되는 것이지만—"부엌의 요정이라는 문장(紋章)을 수여한다. 그 요정은 세계로부터 맛을 추출해 내기 위하여… 그 원료 상태로부터 세계를 뽑아가버린다"(IV 1015).

벤야민에 의하면, "우리의 생활 환경 속에는 오직 독자만이 공정하게 다루어줄 수 있는 것들이 엄청나게 많이 있다"(IV 1013)는 사실이야말로 산문 형식에 적용되는 요리법이 지니고 있는 중요한 동기이다. 그러나 인간이 산문 형식에서 지각을 통해 삶의 형식을 변형시키고 세계를 그 원료 상태로부터 뽑아낸다고 할 때, "지각"은 다름 아닌 "독서"를 의미한다. 벤야민의 사유 속에서 어린이들의 책과 그들의 독서가 유별난 의미를 갖는 까닭은 어린 시절에 가장 명료히 나타나는 삶을 공정히 다루는 그들의 독서 역량 때문이다. 여기에서 먹어치우기의 은유는 책 속의 삶이라는 이미지, 즉 행간의 삶으로서의 독서 속으로 흘러든다. "책에 관한 현재의 나의 모든 지식은 분명히 내가 그 당시 책에 대해 나 자신을 활짝 열어젖혔던 자발성에 근거하고 있다. 그러나 어린 시절 모든 것은 전적으로 외양으로서의 책 안에만 존재했던 것에 비해, 오늘날 내용과 주제, 대상과 실체는 외양으로서의 책에 맞서 있다. 마치 책의 면수나 논문의 면수가 책 속에 있듯이 그들[3]은 더 이상 책과 독립하여 책의 외부에 있지 않다. 책 안에 자신을 열어젖힌 세계와 책 자체는 어느 경우에도 분리되지 않은 채 완전히 하나였다"(VI 514).

---

3) 내용과 주제 대상과 실체 — 옮긴이 주.

제2장 역(逆)신학

　벤야민의 사유 체계에 나타나는 특징은 자신의 형이상학적·신학적 주제(Motiv)를 직접적으로 표현하지 않고, 사물적(sachlichen) 이미지 속에 감추고 있는 점이다. 이런 까닭에 그의 글 속에서 우리는 종종 "거슬러 빗질하기" 따위와 같은 형식, "포장하기와 포장된 것"과 같은 이미지, "호주머니와 그 내용물" 등과 같은 언어의 유희들을 발견하게 된다. 그는 종종 사진 원판을 현상한다는 은유를 사용하기도 한다. 이러한 모든 이미지들과 언어의 변용들은 역(逆)의 관계를 나타내고 있다. 이러한 뒤집기의 기본 형식은 언젠가 아도르노가 말했던 "신학의 구원을 위한 신학의 세속화"이다. 따라서 오늘날 우리가 형이상학적·신학적 주제를 고수하려면 오직 그것들을 모두 세속의 영역으로 끌어내리지 않으면 안 된다. 이런 주제들이 직접적으로 표현된다면 그것들은 "부정의 신학"(Negative Theologie)이라고도 할 수 있는 엄청난 오해에 휘말리게 될 것이다. 그러므로 벤야민이 신학적 주제를 당대의 실재에 관한 논평에 포함시킬 때에는 그것들을 초월하기 위해서가 아니라 세속적 익명 속에서 생생히 살려내기 위해서였다. 위장되지 않은 신학적 담론은 구원받지 못한다.

《독일 비극의 기원》(*Ursprung des deutschen Trauerspiels*)에 관한 연구와 《파사주》로 알려진 19세기 전사(前史)에 관한 유고들은 벤야민 철학의 주춧돌이 된다. 순수한 역사적 관심에서 씌어진 듯한 이 두 작품에서 그는 당대의 핵심적인 역사적 관심을 중심 주제로 삼았다고 말한다. 오직 이러한 배경 속에서만 그의 "실용주의적"(pragmatischen) 공산주의로의 전향이 이해될 수 있을 것이다. 예를 들어 프리츠 하인레(Fritz Heinle)에서 베르톨트 브레히트(Bertolt Brecht)로, 다시 말해 베를린 시대의 청년 운동에서 인간학적 공산주의로의 이행 과정은, 벤야민 자신이 곧 그 실패의 구체화이기도 한, 바이마르 공화국에서의 사유적 역동성을 예시적으로 보여주고 있는 것이라 하겠다. 자유 학생 운동의 의장으로서 그는 자신의 형이상학적 의도들을 아무런 방어(논리)도 없이 발언하곤 했었다. "민중이 처한 상황을 공격하지 않으면서 그들의 태도를 변화시킨다는 것이야말로 뛰어난 영웅적 시도이다." 그 후 이러한 부르주아 인텔리겐치아의 문학적 순수 인문주의는, 우리가 "나쁜 문화적 제도를 필요로 하는 국가를 분쇄해 버리지 않는 한" 그들 문화 제도는 진보를 가로막는 저해 요소가 되리라는 가슴 아픈 체험을 하지 않으면 안 되었다(VI 478 이하). 벤야민의 실용적 공산주의로의 전향은 바로 이러한 체험의 표현이었다. 그가 찾고 있는 것은 구원을 역사의 목적(Ziel)으로 보는 목적론적 입장이 아니라, 역사의 끝(Ende)으로 보는 종교적 역사 의식의 잃어버린 시대였다. 그리하여 그는 이론으로서라기보다 하나의 태도(Haltung)로서의 공산주의로 전향한 것이다.

이러한 실용주의적 공산주의의 태도는 자신을 본질적으로 전통적 텍스트에 대한 "주석가적 태도" 속에서 이해하고 있는 벤야민에게 엄밀한 의미에서 적절한 것은 아니었다. 오히려 그것은 역사가 구체적으로 요구한 것이었고, 시대에 적합한 것이었다. 이로써 그는 자신의 연구가 사유 유형에 있어서 향외적(向外的) 지향성을 지니고 있음을 표현하고 있다. 20세기 중반 이래, "극단주의적 실험"(versuchsweise extrem, Br 368)을 추구하는 자기 이론에 "현실적·정치적 계기"를 마련하기 위하여 벤야민은 예술적 해석의 비의성(秘擬性)을 돌파하려 했던 것이다. 이 논문은 철학적 극단주의의 이상적 형식이다. 그의 글들은 논증적 추론을 피한 채, 전광석화처럼 예술적 극단들과 정치적 극단들을 성좌 속에서 통합시키고 있다. 그는 변증법적으로 사유하지만, 결코 헤겔적 방식으로는 사유하지 않는다. 매개와 사유 규칙들의 지양은 극단들의 대결과 변형으로 대체된다. 따라서 수필가로서의 벤야민의 극단주의는 예술론적 요소를 방기하지 않는다. 오히려 그는 텍스트 연구를 예의 그 실용주의적 공산주의와 연계시키고 있다. 그의 문체는 가변적일는지 모르나, 그의 극단주의는 불변했다. 예를 들어 자신의 공산주의로의 전향을 설명하는 서신에서 그는 "나는 어떤 경우에 처하든지 나의 과업을 성취하고야 말 것이다. 그러나 이 과업이 어느 경우에나 동일한 것은 아니다. 그것은 오히려 상황에 부응하는 과업(Entsprechende)인 것이다"(Br 530).

실존에 대한 벤야민의 정치적 분류 방식을 그의 서신 교환에 의해서 구성해 보자. 보들레르론에서 일치(correspondance) 개념은 핵심적인 역할을 한다. 그것은 본질적으로 현재에 대한 체험은 무엇보다도 늘 먼 과거와의 유사성이나 일치성 속에서 꼴을 얻어간다는 것을 의미한다. 그리하여 보들레르(Baudelaire)는 항상 적절한 하나의 고전적 배경을 택하여 현대를 생생히 그려내곤 하였다. 벤야민 역시 동일한 방식에 따라 표현주의적 현재를 바로크 시대의 세계 체험과 비유하고 있다. 일치에 입각한 사유는 매개하는 게 아니라 극단들을 종합으로 이끈다. "언제나 급진적으로(radikal), 결코 일관되지 않게"[1]라는 벤야민의 격률은 이러한 실존의 정치적 범주화의 중심에 이르게 한다. 그는 목적 지향적으로 사유하지 않는다. 왜냐하면 정치적이라는 말이 의미를 가질 수 있는 목적(sinnvoll politische Ziele)이란 없기 때문이다. 그의 사유는 급진적이라 해야 할 것이다. 왜냐하면 유대주의와 마르크스주의가 조화를 이루는 급진주의의 가르침만이 올바른 정치학을 가능하게 하기 때문이다. 그리하여 그의 연구는 논리적 일관성을 좇지 않는다. 그의 연구는 반드시 정치적 극단과 종교적 극단을 서로 "역설적으로 뒤집음으로써"(paradoxen Umschlagen)만 생명력을 얻어가고 있기 때문이다(Br 425 이하).

따라서 오늘날, 발터 벤야민에게서 20세기의 가장 의미심장한 정치신학을 확인한다고 하는 소리가 점점 더 많은 세력을 얻어가고 있는 것은 놀라운 일이 아니다. 그런데도 유대주의와 기독교 간의 논쟁 속에서의 그의 자리매김은 여전히 지난한 일이다. 그가 에른스트 블로흐(Ernst Bloch)의 《유토피아 정신》(*Geist der Utopie*)의 최대 장점은 신정 정치(神政政治)의 정치적 의미를 거부했다는 점이라고 쓰고 있을 때, 이 말은 벤야민 자신의 역사 개념이 순수한 영적 개념의 신정 정치를 함의하고 있는 것처럼 들린

---

1) 즉 "논리적 필연을 따름으로써 모순을 일으키지 않으려는 방식이 아니라"
—옮긴이 주.

다. 그러나 이렇게 말함으로써, 특히 세속주의와 메시아주의적 질
서를 엄격히 구별함으로써 그는 유대주의 신학에 분명히 배치되
고 있다. 벤야민에게 역사의 세속적 역동성은 "메시아를 향한 심
정적 집착"(messianische Intensität des Herzens)에 반립한다. 하지만
이 반립(反立)은 하나의 힘이 자신과 맞서 있는 힘을 반대 방향으
로 나가게 하면서 자신의 길을 갈 수 있는 방식을 뜻한다. 이때
중요한 것은 모든 자연적 사물들에게 영원한 퇴락의 속성을 부여
하는 세속적 "완전 회복"(restitutio in integrum)의 개념이다. 벤야민
은 "방법론적으로 니힐리즘이라고 부를 수밖에 없는, 세속에 관한
정치 이론"(II 204)에서 이 자연의 "총체적 퇴락"을 다룬다. 이를
정형화해서 표현하자면, 신정 정치는 정치적 의미를 갖고 있지 않
으므로, 정치신학자들의 세상에 관한 정치 이론이 그 영적 의미를
높이기 위해서는 허무주의적으로 나가지 않을 수 없게 된다. 이러
한 정형화는 벤야민이 영지론적(英智論的) 저항을 분절해 내기 위
하여, 바로크·보들레르·초현실주의 등을 연구할 때 사용한 것
이었다. 니체의 연장선상에서 막스 베버의 서구 합리주의론이 예
언했던 바와 같이, 벤야민도 절정에 달한 현대성에 맞서 고전으로
의 귀환을 주장한다. 세계의 합리주의적 탈주술화를 불가피한 새
로운 운명이라고 주술화하고 있는 베버에 대해, (에른스트 블로흐
의 《유토피아 정신》을 비롯한) 허무주의적 세속 정치 이론인 영
지론이 대항하고 있는 것이다.

열광주의에 빠져 곡해를 범하지 않기 위해, 벤야민은 역의 방식
을 통한 이러한 신학적 담론(Theologumena)을 옹호한다. 이하에서
는 그의 주석으로의 탈철학을 가리켜 "역(逆)의 신학"(inverse
Theologie)이라 부르고자 한다. 그의 모든 연구는 그 핵심에 있어

서 세속적 형식들을 역사신학적으로 해체시키는 데 초점이 맞추어져 있다. 따라서 그의 유물론적 분석들은 "나의 현 상황에 양분을 공급하기 위하여 지난 오랜 세월 동안 나의 직접적인 형이상학적―차라리 신학적―사유에서 근원하는 수많은 사고와 이미지들을 거치지 않으면 안 되었던"(Br 659) 개조 과정의 결과이다. 이를 역사·정치학적으로 간단히 표현하면, 신학은 파시즘에 정면 대결하여 역방향으로 나가지 않으면 안 된다는 것이다.

벤야민은 "신학적·정치학적 소론"(Theologisch-politisches Fragment)에서 역사에 관한 신비주의적 개념을 전개하고 있다. 역사철학은 역사적인 것과 메시아적인 것 간의 관계가 본질상 메시아적 구원임을 드러내지 않으면 안 된다. 그러므로 역사의 목적은 신국(神國)일 수 없다. 신정 정치는 정치적으로 무의미하기 때문이다. 그러나 아무리 순수한 종교적 신정 정치라 할지라도 "세속의 순수한 세속적 질서"와 무관할 수 없다. 그러나 양자의 관계를 단순히 세속화로 이해해서는 안 되며, 오히려 이 두 가지 규칙들이 서로 모순적으로 상호 전도하는 관계라고 이해해야 한다. 신국은 "역사의 목적이 아니라 그 끝"인 것이다(II 203 이하). 과거와 결합될 때, 혁명은 이제 더 이상 역사의 목적이 아니라 역사의 중단(Unterbrechung)이어야 한다는 요구가 제기된다. 바로 이 결합만이 혁명을 역사의 끝과 관련되게 한다.

이러한 배경 아래서 벤야민은 역사의 세속적 역동성을 생각한다. 이 역동성은 메시아적 역동성에 반립하기는 하지만 세력장 안에서 반대 방향으로의 벡터가 강화되는 만큼 자신을 강화시킨다. 일찍이 자유로운 인류가 할 일이 역사 속에서 행복을 추구해야 하는 것이었다면, 오늘날 부자유한 인류가 확보하지 않으면 안 될

것은 하나의 바닥(Fuß)이다. "희망이 아니라 바닥이다. …인간은
어떻게 그 절망에 도달하게 되었는지를 알 때, 절망 속에서도 살
아갈 수 있는 것이다. 그는 이제 그 절망 속에서도 살아갈 수 있
다. 왜냐하면 그럴 때 그의 절망적 삶은 중요한 것이기 때문이다.
이때 침몰한다는 것은 언제나 사물의 근저에 도달하는 것을 의미
한다"(II 509). 벤야민은 초현실주의적 도식을 사용하여 이를 "비
관주의의 조직화"라고 부른다(II 308). 비관주의는 행복이란 개념
의 대리인이다. 메시아주의와 조직된 비관주의는 벤야민의 신비
주의적 역사 개념에 의하면 서로를 강화시켜 주는 반립적 벡터이
다. 그렇기 때문에 그의 정치 이론은 신정 정치적으로 정향되어
있다기보다는 "메시아주의적으로 예정되어"(messianish prä-
stabiliert, B. Lindner) 있다고 하겠다. 세속 세계에 대한 허무주의
적 정치 이론은, 말하자면 성서의 우상에 대한 금지를 자기 자신
에게 적용하는 역신학에 조응한다. 부끄러움은 신의 이름을 부르
는 것을 스스로 금한다.

　역사 개념에 대한 첫 명제는 역신학의 알레고리로 읽을 수 있
다. 왜냐하면 전도된(verkehrt) 세계의 신학은 역으로 읽지 않으면
안 되기 때문이다. 전환(Umkehrung)과 혼동은 임박한 시간의 종
말에 대한 징표로 해석될 수 있을 것이다. 벤야민의 역신학이라는
알레고리는 흉측한 곱사등이 작은 요정 "신학"을 자신의 하인으
로 고용한 꼭두각시 "히스토마트"(HistoMat)의 이야기를 들려준
다. 이것이 의미하는 것은, 오늘날 신학은 "감히 제 모습을 드러내
서는 안 되며"(I 693) 무언가를 하기 위해서는 은폐되어 있지 않
으면 안 된다는 것이다. 역신학은 오직 이 은폐 속에서만 나타나
는 것이다. 신학은 사적 유물론이라는 (기계적) 장치에 고용되어

서 자신을 나타낸다. 신학이 벤야민이 수행하는 연구에서 근본 학
문이 되는 것도 그 신분을 숨기는 익명 속에서 이루어진다. 신학
이 역사 연구의 근본 학(學)으로 쓰일 때 그것이 의미하는 것은,
궁극적으로 신학이 완전 경험에 관한 지식으로서의 이론 속에 흘
러들고야 만다는 점이다. 역설적이게도 벤야민은 이런 연관에서
유물론적 관념 이론을 주장하고 있다. 이 이론이 해야 할 일은 사
가의 경험을 형이상학으로 재주조하는 것이다. 벤야민에게 있어
서 이 모든 개념들은 상호간의 엄격한 관련 속에서 존립한다. 이
론(Lehre)은 지양된(aufgehoben) 비평이며, 비평은 역신학이며, 종
교는 "경험의 구체적 총체성"인 것이다(II 170).

　벤야민이 그의 역신학을 역사 연구의 근본 학문으로 그려 보일
때 사용하는 두 번째 알레고리는 "역사 개념에 관한" 명제 9에
나타난다. 여기에서 그는 진보의 폭풍에 의해 미래로 떠밀려가면
서도 과거를 응시하고 있는 역사의 천사에 관해 말하고 있다(I
697 이하).《파사주》에 나오는 항해의 은유는 이 이미지를 해석하
는 데 사용될 수 있을 것이다. 그 글 어디에선가 벤야민은 "개념
의 돛에 담는 절대의 바람"(Wind des Absoluten in den Segeln des
Begriffs)을 논한다(V 591). 그렇다. 역사를 거슬러 (지그재그로)
항해하는(kreuzt) 우리는 역사의 바람을 돛에 담으며 간다. 그 바
람은 낙원으로부터의 폭풍이며, 역사의 천사가 펼친 날개들은 바
로 그 돛이 아닌가. 유럽 인문주의의 대륙으로부터 벗어나는 이
배에게 벤야민은 "빈곤"이라는 세례명을 부여한다(II 112). 그리하
여 구원은 재난을 먹고 산다. 어떤 부정이든 부정은 파괴될 수 없
는 생명성의 윤곽을 그려 보인다. 방법론적으로 이 생명성은 변증
법적 대립에 의해 가동되는 위기의 공학과 일치한다. 벤야민은 대

상의 긍정적인 면과 부정적인 면을 구분한다. 이것은 "부정적 부분에 새로이 분리를 적용(즉 부정적 부분을 새롭게 분리)하기 위해서인데, 그 방식은—관점의 변화에 따라(그러나 측정 기준의 변화는 아니다)—그 과정에서 다시 한 번 긍정적 부분과 앞서 언급한 것과는 다른 부분을 드러내는 방식이다. 이는 역사적 대회복(Apokatastasis)의 시기에 과거 전체가 현재 속으로 들어올 때까지 무한히 계속된다(V 573).

대회복은 근원적인 악조차도 구원한다는 이교도의 교리이다. 이것은 희생물 없이 이루어지는 성취이다. 벤야민이 이를 두고 말하려는 것은, 그가 "역사 개념에 관한" 명제 3에서 쓰고 있는 말, 즉 "구원받은 인류에게 있어서 (특징이 있다면)… 그들의 과거가 매순간 소환될 수 있다"는 점이라는 것이다(I 694).《독일 비극의 기원》에 나타나는 인식론에서 벤야민은 현상들은 "영원한 성좌"(I 214 이하)에 표상되는 (반립적) 제 요소들로 분해됨으로써 구원된다는 플라톤식 현상 구원론을 구상하고 있다. 그 후 이 구상은 역사적 대회복이라는 신학적이자 동시에 유물론적인 개념으로 발전한다.

신학에서 부활로 불리는 것은 어린이들의 우화에서는 마법으로부터 풀려나는 것으로 그려진다. 이제 벤야민은 《파사주》에서 이 탈마법적 부활 동화의 근거로 역사적 경험을 부여한다. 그의 이 역사적 대회복론은 변증론자들을 위한 동화이다. 이 동화 속에서 구원은 하나의 정치적·신학적 개념이다. 벤야민은 역사적 경험을 이 개념에 결부시키려 한다. 다시 말해서 과거는 정치적·신학적으로 볼 때 미완의 것으로 제시되는 것이다. 그리하여 벤야민은 꿈과 꿈에서 깨어남의 비유를 통해, 최후의 심판 사상이 역사 자체 내에서 어떻게 그 효력을 발휘하는가를 생생히 기술하고 있다. 그에 의하면, 현대는 우리가 깨어나지 않으면 안 될 자본주의적 꿈이 마술 환등처럼 펼쳐지고 있는 형상 세계(Formenwelt)일 뿐이다. "이러한 형상들이 계몽의 의식에서 해체될 때, 정치적·신학적 범주들이 대신 들어선다. 사건의 흐름을 정지시키는 이러한 범주들 속에서만, 역사는 사건들의 핵심 속에서 성좌식 결정체(結晶體)로서 자신을 엮어나간다"(V 1023).

모든 이율 배반적 윤리 체계에는 신비스런 법칙이 있는데, 그것에 따르면 완전한 타락은 성덕(聖德)으로 역전된다. 바로 이런 방식으로 벤야민은 그의 책 《독일 비극의 기원》에서 어떻게 절대악으로부터 탄생한 바로크 세계상이 부활의 알레고리로 역전되는가를 보여주고 있다. 이 알레고리는 각성된 의식의 빛을 발한다. "알레고리 작가는 신의 세계 속에서 잠을 깬다"(I 406). 역전은 언제나 감춰진 배면을 드러내기 때문에 그것은 역사의 모순을 표상한다. 그래서 벤야민은 "역사적 시간에 대한 참된 개념은 전적으로 부활의 이미지에 의존한다"고 주장한다(V 600). 그러나 이 부활의 상(像)을 구성하고 있는 요소들이 종교적 문서로부터 연원하는 것은 아니다. 오히려 그 요소들은 전적으로 세속적이다. 이 부활의 상은 역사의 희생자들과 관련한 감정으로부터 생겨난다. 즉 멸시당하고 모욕당한 그들에겐 해방이 아니라, "영혼이 가난한 이에게 그렇듯이, 오직 구원이 있을 뿐이라는 감정으로부터 나온다"(III 537 이하).

벤야민은 진정한 현실성은 역사 속에서의 영원의 순간적 보존이라고 정의한다. 우리는 (경험들이 나타나는) 현실적 순간에 그 역사적 경험들을 통해서, 경험 대상들이 결코 예측할 수는 없지만

다가오는 것을 느낄 수 있는 새로운 종교적 범주에 묶여 있음을 알게 된다(II 244). 그리고 이 수치스러움(scandalum)이야말로 역사의 영원한 현실성이다. 진정한 의미에서 익명의 신학자라 할 수 있는 사적 유물론자가 이 역사의 치부를 증언할 때, 그는 분노의 신학(Theologie des Ärgernisses)의 입장에 서서 외치고 있는 것이다.

벤야민에 의하면 (무언가를) 현실화한다는 것은 역사를 현재에 대한 분노로 만드는 것을 의미한다. 현실성은 현재를 역사적으로 결정적인 무엇이라고, 즉 위기라고 강조한다. 역사는 학문으로서가 아니라 "회상의 형식"(Form des Eingedenkens)으로서만 자신을 올바르게 평가할 수 있게 된다. 회상은 망각을 벗어나 펼쳐지는 기억을 의미한다. 망각은 기억의 결핍이 아니라 반(反)기억으로 이해되어야 한다. 회상 속에서, 경험된 것들은 고정되어 버리는 것이 아니라 그것의 전사(前史)와 후사(後史)를 향하여 열린다. 이것은 또한 과거의 고통이 회상을 통해 완결되지 못한 어떤 것으로 경험된다는 것을 의미한다. "이것은 신학이다. 그러나 우리가 근본적으로 비신학적인 방식으로 역사를 인지할 수 없다는 것을 회상 속에서 경험하게 되기는 하지만 이것을 직접적인 신학적 개념들로 기록하려 해서는 안 된다"(V 589).

그리하여 벤야민은 역사에는 계시의 순간들이 있고, 그것들은 우리가 삶 속에서 그것들을 잊고 있는 것과는 전혀 무관하게, 잊혀질 수 없는 것이라고 주장한다. 회상에서는 역사적 경험이 중요한 것이며, 이때 척도는 개인의 기억(Gedächtnis)이 아니라 "신의 회상"(ein Gedenken Gottes)이다(IV 10). 회상은, 마치 회상하는 자 자신이 회상되는 과거 사건의 주체인 듯이, 역사적인 것을 현재적인 것으로 압축한다. 그리하여 역사의 경험은 계시의 목록을 획득하게 된다. 요컨대, 벤야민에 의하면 모든 순수한 역사 경험은 경험 속에서가 아니라 회상의 무대 위에서 그 자신을 드러낸다.

그러므로 역사는 학문 이상의 것이어야 한다. 회상이라는 형식은 (비탄스런) 고소(告訴)로서의 역사를 의미한다. 중세적 역사의 형식이라 할지라도 그것은 "더 이상 고소가 존재하지 않는 최신의 관념"(II 550)에 대해서도 고소를 제기하기에 족할 만큼 현실적인 것이 된다. (그러나) 역사학은 이것을 축출해 버렸다. 이에 반대하여—동시에 정통 마르크스주의에도 반대하여—벤야민은 신학적 틀 안에서 역사적 경험의 측정을 위한 기준의 확장을 찾아나선다. 사실상 벤야민에게 신학의 익명이기도 한 사적 유물론은 사실들을 인과론적으로 분석하는 게 아니라, (사실의) 형식들의 역사적 전개 안에서 분석하고 있다. 여기에서 벤야민은 종말론적인 기원 개념을 도입한다. 그는 이 개념으로써 개시의 역사와 종말의 역사가 만나는 영점(零點, Indifferenzpunkt)을 나타낸다. 그는 모든 시대의 경계를 그 시대의 기원점으로 생각하려 하는 것이다. 그는 자신의 역사 해석의 기초 개념을 다음과 같이 정의한다. "기원, 그것은 이교도의 자연 연관으로부터 유대인의 역사 연관으로 이끌어낸 원(原)현상(Urphänomen)의 개념이다"(V 577). 이 역사의 원현상 속에서는 지나간 것은 미완의 것임이 입증된다. 왜냐하면 기원적인 것은 계시의 징표이기 때문이다. 그리하여 사적 유물론으로 전도된 벤야민의 신학은 역사적 원현상의 결정(結晶)을 통해 잃어버린 계시를 회복하려는 시도라고 이해할 수 있을 것이다.

제3장 언어의 마법

언어에 관한 벤야민의 성찰은 그의 철학의 중심을 이루고 있다. 언어는 그가 1916년에 자기 사유의 근원적 자기 해명을 위하여 썼던 첫번째 텍스트 "언어 일반에 대하여 그리고 인간의 언어에 대하여"(Über Sprache überhaupt und über die Sprache des Menschen)의 주제였을 뿐만 아니라, 여전히 그의 사유 대상이자 기초이다. "번역자의 임무"(Die Aufgabe des Übersetzers, 1923) 그리고 (1933년에 쓴) "유사성에 관한 이론"(Die Lehre vom Ähnlichen)과 "모방의 기능에 대하여"(Über das mimetische Vermögen) 등의 논문에서, 그리고 무엇보다 《독일 비극의 기원》(1925)에서 그는 언어를 존재하는 모든 것의 진리 내용이라고 설명하고 있다. 그리하여 벤야민의 언어철학과 이 시대의 언어철학들과의 연합 가능성은 보증된 듯이 보인다.

독일의 의사 소통 이론, 행위 이론, 최종 근거론(Letztbegründungsphilosophie) 등에 못지 않게 앵글로색슨계의 분석철학도 언어를, 일상적 요소로부터 정화되어야 할 문제점이 있음에도 불구하고, 진리를 정의하고 그 의도를 명백히 하는 데 쓰일 유일한 수단이라고 여긴다. 벤야민의 철학은 언어를 인간의 의사 소통과 동일한 것으로 보려는 시도들에 반기를 든다.

"언어는… 영적 내용의 소통을 지향하는 원리이다"라는 것이 벤야민의 출발점이다(II 140). 이때 언어를 사유나 경험을 보고하는 정도의 것으로 이해하거나, 원칙적으로 그런 것이라고 이해해서는 안 된다. 언어는 존재하는 모든 것의 형식으로서 이해해야 한다. 물론 후자는 은유적인 의미로 한 말이 아니다. "유기물적 자연에서건 무기물적 자연에서건, 어떤 방식으로든 언어에 참여하지 않는 사건이나 사물은 없다. 왜냐하면 언어는 그들에게 있어 그들의 영적 의미를 소통(전달)하는 데 필수적이기 때문이다"(II 140 이하). 그러므로 말(Wort)을 통한 소통은 단지 언어의 특수한 경우일 뿐이다.

존재하는 모든 것은 자신을 알린다. 정확히 말하면 자신의 영적 본질을 전달한다. 그러나 이 말은 존재하는 것의 영적 본질이 그 언어적 보고 내용과 동일하다는 것을 뜻하지는 않는다. 그러나 정확히 말하면 이 말은 20세기 후반 언어철학의 다소 암시적인 존재론적 전제로서, 벤야민이 "모든 언어 이론들이 빠져들 위험이 있는 심연"(II 141)이라고 예견한 말이기도 하다.

벤야민의 언어철학은, 언어적 존재와 영적 존재 간의 동일성이라고 하는 "불가해한" 역설을 탈피하기 위하여, 양자간의 화해할 수 없는 모순을 출발점으로 한다. 사실상 영적인 존재가 적절히 소통될 수 있는 한, 영적 존재와 언어적 존재는 부분적으로 일치할 수 있다. 그러나 이 말은 영적 존재는 언어 안에서 분절되는 경우에만 자신을 내보인다는 뜻도 된다. 따라서 벤야민은 영적 존재

는 자신을 완벽히 소통시킬 수 없다는, 다시 말해서 언어를 통해서
는 자신을 소통시킬 수 없다는 단서를 정식화해 놓고 있다. "그리
하여 언어는 각 사물의 언어적 본성을 소통시킨다. 그러나 언어가
그 영적 본성을 소통시키는 것은 영적 본성이 그(사물의) 언어적
본성 속에 직접적으로 포함되어 있는 경우에만, 다시 말해서 소통
가능성이 있는 경우에만 가능하다"(II 142).

　이러한 결론은 동어 반복적이다. 즉 언어는 자기 자신을 소통시
키는 것이다. 이러한 동어 반복적 외양은 우리가 "사물"(Ding)과
"언어-사물"(Sprach-Ding)을 구분할 때 해소된다. 호롱불이라는 언
어는 호롱불을 소통시키고 있는 게 아니라, 언어-호롱불을 소통시
키고 있는 것이다. 그리하여 언어는 저마다 궁극적으로 자신 안에
서 자신을 소통시키고 있는 것이다. 즉 직접적인 영적 소통인 것
이다. 영적 존재의 소통 가능성은 언어적 존재에 의해 제한받고
있다.

　우리는 이것을, 벤야민이 그렇게 부르고 있듯이, 마술이라 부를
수 있을 것이다. 벤야민은 후에 그의 "유사성에 관한 이론"에서
마술 개념에 의해서 언급되는 비의적(秘擬的) 지식의 차원을 논한
바 있지만, 이를 (단지 그때뿐) 그의 논문 "모방 기능에 관하여"
에서는 시의적절하게 다시 빼버리고 만다. 그는 이곳에서 처음으
로 낭만주의적 언어철학과 계시의 역사(Offenbarungsgeschichte)의
배경에 맞서 언어의 마술을 해명하는 작업을 펼쳤다.

　인간의 언어는 말을 사용하여 자신을 전달한다. 이 점에서 인간
은 사물과 구별되는 것이다. 인간의 언어는 언어 "일반"
(Überhaupt)과 동일하지 않다. 인간은 자신의 영적 본성을 소통시
키는 과정에서 다른 사물들의 이름을 지어 부른다.[1] 이것은 그러

므로 인간의 언어적 본질이다. 이 이름짓기는 도구적 파악을 위해서 수행되는 조직 행위와 혼동되어서는 안 된다. 이것은 영적 본성을 언어를 통해 소통시키는 일의 문제이기 때문이다.

호롱불·산·여우 등과 같은 사물들은 인간이 그들의 이름을 지어 부르는 과정에서 자신들을 인간에게 소통시킨다. 그러나 인간 자신은 누구에게 자신을 전달한단 말인가? 이는 화자-메시지-청자의 도식에 의한 의사 소통 이론이나 정보 이론으로 대답될 수 없는 문제이다. 인간의 영적 본성은, 말이 사물에 관한 인간의 의사 소통을 위한 수단으로 쓰이는 한, 말을 통하여 자신을 전달하지 못한다. "이름은, 그것을 통해서는 더 이상 어떤 것도 자신을 소통시키지 못하나, 그 안에서는 언어가 자신을, 절대적으로 자기 자신을 소통시키는 어떤 것이다." 오직 인간의 영적 본성만이 — 이름짓기를 통해서 — "완전히 소통될 수 있다." 왜냐하면 그것은 전적으로 언어이기 때문이다. 그것은 그 속에서 신의 창조가 완성되는 "순수" 언어인 것이다. 아담은 사물을 그들의 이름으로 불렀다. "이름 안에서 인간의 본성은 자신을 신에게 소통시킨다"(II 144).

벤야민에게는 이름들의 언어(Namensprache)야말로 근원적인 언어이며 이 속에는 인간과 사물에 관한 참된 지식이 담겨 있다. 이름 속에는 "언어의 존재 법칙(Wesensgesetz)이 있으며, 이 법칙에 의해 자신을 표현하는 것과 여타의 모든 것을 표현하는 것은 동일한 것이 된다"(II 145). 그러므로 언어의 본성은 사실적 정보의 소통 가능성에 있는 게 아니다. 그것은 "소통 가능성 그 자체"(Mitteilbarkeit schlechthin, II 145 이하)의 소통으로서만 파악될 수

---

1) 여타 사물들의 이름을 지어 부르는 일을 통해 그의 영적 본성을 전달한다—옮긴이 주.

있다.

이 관계의 자기 반성적 성격은, 벤야민이 그의 후속 작업에서 더 이상 천착해 들어가지는 않았지만, 우리에게는 지금 우리가 사용하고 있는 담화의 조건을 분명히 해야 할 형이상학적 논의가 있음을 보여주고 있다. 여기에 계시 개념의 중요성이 있다. 벤야민은 하만(Hamann)에 이어 "언어는 이성과 계시의 어머니이자, 그들의 알파요 오메가"라고 말한다(II 147). 사물의 영적 본성이 사물의 이름에 의해 계시된다면, 그것은 표현될 수 없는 것은 아닐 것이다. 계시는 어떤 것도 표현되지 않은 채로 혹은 표현될 수 없는 채로 놓아두고 있지 않다. 이 표현되지 않은 요소가 더욱 영적이면 영적일수록, 그것은 더욱 언어적으로 된다. 영적 본성은, 혹 말로써는 불가능하다면, 이름에 의해서라도 완전히 인지되는 것이다.

벤야민은 그의 마술로서의 언어 개념, 혹은 이름을 통한 직접적 지식으로서의 언어 개념을, 특정 종교의 경전으로서의 성서가 아니라, 언어가 "최후의… 표현될 수 없는 신비적 실재"(II 147)임을 확증하는 기록서로서의 성서에 담긴 창조 설화로부터 끌어낸다.

사실상 인간적 실재와 그에 관한 지식을 구성주의적으로 주제화하려는 모든 시도는 분석적으로 파악될 수 없기 때문에 마술적 혹은 신비적이라고 불릴 수밖에 없는 자기 성찰적 형식에 배치된다. 이 마술은 그 설명력을 특정 내용들로부터가 아니라 전적으로 그 형식의 규정으로부터 끌어낸다. 이러한 형식 규정은 최초의 창조 행위나 그것의 불완전한 모방인 예술가의 창조 행위가 그러하듯이 질료와 무관하다. 벤야민은 이 무관성을 비극의 알레고리적 형식을 들어 설명하고 있는데, 이때 후자의 주제는 극단적인 경우

연극의 비극적 성격을 손상시키지 않으면서 전적으로 희극적일
수 있다.

문제의 이 무관성은 이름이 피조물과 하등의 관계가 없다는 뜻
은 아니다. 양자간에는 오히려 마술적 "비감각적" 일치가 있고 이
로써 인간은 신이 사물을 창조한 것으로 인지할 수 있게 된다. 신
은 자신의 창조 언어(Schöpfungssprache)를 인간에게 이름짓기 언
어(Namensprache)라는 형식으로 양도함으로써 이 비감각적 일치
를 허락했다. 인간의 언어는 이름짓기를 통해서도 결코 창조 행위
가 가지는 힘을 보유할 수는 없다. 단지 신의 창조적 말씀에 대한
"반성"으로서 존재할 뿐이다. 그러나 인간의 이름은 창조적 말과
의 교제를 보증한다. 벤야민은 자신의 숨겨진 이름에 관하여 짧은
글을 쓴 적이 있다. 그것은 유대 전통에 따라 주어진 "아게실라우
스 산탄더"(Agesilaus Santander)였다(VI 520).

벤야민이 실제로 그의 철학을 유대 신앙과 카발라에 정향시킨
정도는 아직 충분히 연구되지 않은 상태이다. 그러나 여기에서 우
리는, 그가 낭만주의나 훔볼트(Humboldt)나 하만 등의 노선을 따
를 때와 마찬가지로 이론적 자극들을 수용할 때, 그 자신의 체험
방식이 결정적인 역할을 한다고 추정해도 무방할 듯하다. 이 과정
은 그가 번역을 "수용과 자발성"(II 150)의 동시적 발생이라고 분
석한 것에 정확히 일치한다.

한 언어에서 다른 언어로의 번역은 직접적으로가 아니라 간접
적으로 달성될 수 있다고 한 주장의 기초가 여기에서 준비된 것
이다. 이 주장은 그가 그 후 보들레르의 《타블로 파리지앵》
(Tableaux Parisiens, IV 9~22)을 번역이라고 간주했던 주장과 짝
을 이루기 위해 썼던 논문 "번역자의 임무"의 중요한 근거가 된

다. 벤야민은 인간이 신의 명령대로 사물들의 이름을 짓는 행위를 번역이라고 표현한다. 인간은 고요하고, 이름 없고, 소리 없는 사물의 언어를 접수하고는 자발적으로 그것을 인간의 언어로 번역한다. "그러나 이 번역의 객관성은 신 안에서나 보증되는 것이다" (II 151). 왜냐하면 인간의 이름짓기 언어와 사물의 이름 없는 언어는 모두 창조 행위로부터 생겨난 것이기 때문이다. 신의 말은 언어의 "객관성"을 보증한다. 그러나 이것은 사물이 언어를 통해 마음대로 다루어질 수 있다는 뜻이 아니라, 사물의 영적 본성과 이름 간의 합의 혹은 비감각적 일치를 의미한다. 벤야민은 하만을 언급하며 다음과 같이 인용한다. "태초에 인간이 듣고, 눈으로 보고, 손으로 만져본 모든 것은… 살아 있는 말(lebendiges Wort)이었다. 왜냐하면 신은 말씀이었기 때문이다"(II 151).

한 언어에서 다른 언어로의 번역이 양자가 공유하는 기원으로서의 신의 말씀을 지칭하고 있다는 사실은 두 가지 것을 제외시킨다. 하나는 번역이 동등성 혹은 유사성이라고 하는 추상적 관계에 근거한다는 것이고, 다른 하나는 언어가 기호학적으로 적절히 이해될 수 있다는 것이다. 모든 인간 언어는 동시적으로 주고받는 번역 과정이다. 모든 번역은 "변화의 연속(과정)"을 통과하는데, 이 과정에서 한 언어는 여타 모든 언어의 번역일 뿐이며 모든 언어들은 신의 불변적 말씀을 지칭하는 불완전한 모방일 뿐이다.

판단과 의사 소통의 언어는 이 전거를 방기하고 있다. 벤야민은 원죄적 타락을 창조 언어로부터의 이반이자, 인류 언어의 탄생이라고 해석한다. 인간이 소유하기를 갈망하는 선악에 관한 지식은 "심층적 의미에 있어서 무(無)"(II 152)일 뿐만 아니라, 이름 없는, 따라서 본질적으로 악한 것이다. 왜냐하면 이 지식은 이름 속에

거주하는, 말하자면 천상적 지식을 포함하고 있지 않기 때문이다. 인간이 말을 통해서 무언가를 소통하고자 할 때, 즉 자신 이외의 어떤 것을 표현하기 위해 말을 사용할 때, 그는 본래 이름을 지칭했던 말을 "단지 하나의 기호"(bloßes Zeichen)로 환원시켜 버린다. 그리하여 인간은 판단에 의해서 모든 것을 식민지화할 뿐 아니라, 사유적 · 담론적 추상을 지향하는 경향에 의한 세계관(마술)을 가동시킨다(II 153 이하, VII 785 이하, 795 이하). 스스로 판단하기를 갈망하던 인간은 마침내 타락에 이르고, 그 자신이 낙원으로부터 추방당하게 되는 판단을 자초하고 말았다. 그리하여 인간을 부추겨 자연의 정복을 갈망하게 했던 (언어의 추상적 요소로서의) 판단은 도리어 인간 자신의 사유와 담론에 대한 지배를 행사하게 되었다.

선과 악에 대한 "수다"(Geschwätz) 속에서 언어의 예속, 즉 키에르케고르의 표현대로, "수단으로의 타락은 언어의 단일성을 다원성으로 바꾸어놓고 만다." 단일한 이름은 "헤픈 이름짓기"(Überbenennung)에게 자리를 내주고, "기호들"은 혼란에 빠져들고, 말들은 의사 소통의 수단으로 쓰임으로써 바벨탑적 언어 혼란을 야기한다. 바벨탑을 쌓음으로써 예속을 탈피하고자 했던 절망적인 시도는 마치 언어의 순수한 영과 낙원에서의 지복적 삶을 회생시키려는 모든 의도적 시도가 항상 무익한 일이 되고 말 것처럼 허물어지고 만다. "인간이 사물의 언어를 이해하는 사물 응시 방식으로부터 일탈"(II 154)하자, 그것은 다시 되돌려지지 않았다. 어떤 예감에는 "형이상학적 진리"가 담겨 있는데, 벤야민은 이렇게 말한다. "자연에게 말이 허용된다면 모든 자연은 한탄하기 시작하리라"(II 155).

왜냐하면 (인간의) 원죄적 타락 이래 자연은 침묵 속에서, 그리고 그 침묵에 대하여 한탄하도록 형벌을 받은 것이다. "무언, 그것은 자연의 최대의 비극이다." 역으로 말하자면 "자연의 슬픔은⋯ 자연으로 하여금 말을 잃게 한다." 만약 인간의 타락 후 "이름 불리는 것이 늘 슬픔의 예견일 수밖에 없다면", 이것은 "수백 가지의 인간 언어들"에 의해 이름 불리는 것에 더 잘 적용될 것이다 (II 155).

신의 창조 이래 인지되는 것과 이름 불리는 것이 언제나 타락한 인간의 언어에 의해 분절되고 있는 한, 부정의 방식을 통해서만(nur ex negativo) 유추하는 벤야민에 의하면 오히려 참된 인지와 이름짓기의 가능성이 명백히 드러난다. 벤야민은 역설을 통해서만 벙어리에게 말을 되돌려줄 수 있었다.

《독일 비극의 기원》에서의 언어와 슬픔의 복합체를 좀더 자세히 다루기 전에, 우리는 앞서 언급한 30대에 씌어진 글들에서 유사성과 모방의 의미가 무엇이었던가에 관하여 되새겨볼 필요가 있다.

최근의 어떤 견해에 따르면, 벤야민은 사후에 두 번째로 출판된 논문 "모방의 기능에 관하여"에서는, 출판 의도가 없었던 논문 "유사성에 관한 이론" 속에 표출된 신비적 주술 효과(okkulten Sympathien)를 삭제해 버렸다. 이 두 논문에서 우리는 모방은 인간의 생존은 물론 그의 계몽(Orientierung)에 중요한 역할을 담당해 왔고 앞으로도 그럴 것이라는 주장을 발견한다. 벤야민은 이 점을 한 번은 역사적 관점에서 연구하고, 그런 다음 체계적 관점에서 연구하고 있다.

벤야민은 역사 속에서 현재를 인지해 내려는 자신의 의도에 충

실하여, 인간들이 춤과 제례 의식 일반과 점성술적 사색을 통해서
자신들과 우주 질서의 관계를 창조하려고 애써왔다고 하는 계통
발생학적 사실을 독자들에게 상기시키고 있다. 이 관계는 예를 들
면 별자리에 의해서 개인의 성품을 규정함으로써 비감각적 유사
성을 창조하는 경우라고 이해해도 좋을 것이다. 유사성에 대한 정
의는 시간의 경과에 따라 항상 다르게 나타나고 있음에도 불구하
고, 이에 대한 기본적인 정의는 여전히 동일하다. 번역의 경우와
마찬가지로 유사성도 그 본성상 동시적으로 수용적이며 자발적이
다. 인간이 선재(先在)하는 자연적 질서에 반응하고 있음은 자명
하다. 그러나 동시에 그가 스스로 유사성을 창조하기도 한다는 사
실 역시 거짓은 아니다. "자연은 유사성을 창조하고, 인간은 그것
의 모방을 고심하기만 하면 된다. 그러나 인간은 유사성을 창조하
는 가장 뛰어난 역량을 지닌 자이다"(II 204). 유사성의 창조에 관
한 이러한 이중적 정의는 벤야민의 언어 분석과 선명한 대비를
보여주고 있다. 언어를 통해서가 아니라 언어 안의 영적 본성을 전
달함으로써, 인간은 수용성과 자발성 간의 간격을 메우는 비감각
적 유사성과 상호 일치성을 만들어낸다. 인간의 담화 기능과 마찬
가지로, 인간의 모방 기능은 이 양극단 사이에서 자신을 표현하
며, [호프만슈탈(Hofmannsthal)의 말에 따르면] 우리로 하여금 일
찍이 씌어진 적이 없는 것을 읽어내게 한다. 그리하여 언어는 "모
방 행태의 최고의 단계이며, 비감각적 유사성의 완벽한 기록집이
다"(II 213).

　돌이켜보면 줄곧 변형이 있어왔다는 사실을 추정할 수 있다. 현
재에 와서 인간의 모방적 기능은—즉 동물적 내장 조직이나 별
무리에 담겨 있는 메시지를 읽어내는 능력은—사라져버렸다고

말할 수 있다. 그러나 이 기능은 흔적조차 없이 사라진 것이 아니라 변형되었을 뿐이다. 말하기와 글쓰기로 이주해 들어간 것이다. 말하기와 글쓰기는 창조적 말에 담겨 있는 영적 속성에 의해서 유사성을 창조하고 있는 것이다.

"핵심에 있어서 동일한 것을 의미하고 있는 다양한 언어들 내의 단어들을… 배열해 보라. 그러면 많은 경우 상호간에 조금도 유사성을 지니고 있지 않는 그들 모두가 어떻게 하여 핵심에 있어서 그 지시된 사물을 닮고 있는지를 탐구하지 않으면 안 된다는 것을 알게 될 것이다"(II 212). 첫째로 이러한 통찰은, 단어들은 그 외양에도 불구하고 자의적 기호로 이해될 수 없다는 것을 의미한다. 둘째로 모든 단어, 사실상 통일체로서의 모든 언어는 "그 핵심"에 있어서 "지시된 사물"과의 비감각적 유사성을 지니고 있다는 것을 의미한다. 이것은 구두 언어에뿐만 아니라 문자 언어에도 적용된다. 벤야민에 의하면 인간이 한때 자유롭게 구사할 수 있었던, 그러나 이제는 잃어버린 듯한 이 모방 능력은 일차적으로 글쓰기 속으로 이주해 들어갔다. 작가의 필적으로부터 그의 무의식을 발견해 낼 수 있다고 가르치는 필적학에 의하면, 우리는 글쓰기 일반을 비감각적 유사성의 암호로 보고 이를 "독해"할 수 있을 것이다(II 212 이하).

그리하여 우리는 발화 내용과 의미 내용, 씌어진 것과 의미된 것, 발화된 것과 씌어진 것 간의 무수한 "긴장"에 직면해 있다. 긴장이 글쓰기가 출현한 이래 생겨난 기존의 긴장들을 포괄한다 할지라도 "영적 본성"과 "물질화된" 단어 간의 긴장이라고 하는 기본적인 긴장은 변화하지 않는다. 이는 마술의 차원이 점차 파괴되고 있다는 중요한 결과를 가져오고 있을 뿐이다. 그러나 세속화 과정을 가속화하고 있는 이 파괴는 어떤 한계점을 가지고 있다. 왜냐하면 표현이든 내용이든 그것과 영적 존재의 관계는 마술의 도움 없이는 결코 성립될 수 없기 때문이다. "그리하여 세속적 독해는 이해력의 상실을 원하지 않는 한, 마술적 영역과 함께 이것을 공유하고 있는 바, 즉 세속적 독해는 어떤 필수적 템포에 매여 있다. 아니 오히려 독자가 빈손으로 있지 않기 위해서 어느 경우에든 기억하지 않으면 안 될 비판적 순간에 복종하고 있다 하겠다"(II 209 이하). 이 "비판적 순간"은 유사성의 또는 "순수 언어"의 번갯불과 같은 것으로서, 마치 신을 찬양하기 위해 신 앞에 순간적으로 나타났다가는 다시 사라지는 천사처럼 주제의 표상 속에 들어오는 것이다.

이 표현과 순수 언어의 관계는 "번역자의 임무"의 중심 주제이며, 여기에서도 역사적 성찰과 체계적 성찰은 평행을 이루며 등장한다. 번역과 원전에 관한 논의는 원전으로 언급되고 있는 것이 원초적 실체인 반면 번역은 종속적 실체임을 암시하고 있다. 이것이 표상의 차원에서 적용된다 할지라도 원전은 다시 하나의 번역이다. 앞에서 보았듯이, 모든 문학 작품은 "비지향적"(intentionslos) 순수 언어와 표현 간의 관계를 창조하며, 그러므로 비지향적인 것의 관점에서 볼 때는 종속적인 것이다. 따라서 모든 번역은 적절한 번역인 한 비지향적인 것에 대하여 원전이 맺는 관계와 동일한 관계를 맺는다. 그리하여 번역을 다른 번역과 비교할 수 있는 한, 또는 번역의 적절성을 토론에 부칠 수 있는 한, 번역은 직접적으로 원전과 비교될 수는 없는 것이다. 우리는 고작 번역이 원전과 마찬가지로 비지향성에 일치해 있는가를 물을 수 있을 뿐이다. 또한 앞서 운을 띄웠듯이 이 비지향성 혹은 진리는 판단 즉 지식에 의한 사물 접근과는 대립된다. 벤야민에 의하면, 우리는 지식을 "소유"할 수는 있으나, 판단을 내리는 과정에서 이름짓기 언어(Namensprache) 영역을 떠나 있다. (그러나) 진리는 오직 "존재"와 상관 관계에 있을 수 있는 것이다.

더구나 역사적 관점에서 볼 때, 원전도 변화를 겪고 있다는 것은 자명하다. 예술 작품을 비평을 초월한 것으로 여기던 괴테와는 달리, 벤야민은 우선 "비평이 작품을 완성한다"는 낭만파들(특히 프리드리히 슐레겔)의 견해와 의견을 같이한다. 그 후 그는 "예술 작품의 고행(苦行)"(Mortifikation der Kunstwerk)에 관해 논한다(I 889). 원전이 역사 과정에서 정치적·문화적 영향에 노출되어 있을 뿐만 아니라, 원전의 언어가 이제 태고적 속성 혹은 다시 참신성을 지닌 것으로 여겨지고 있는 한, 원전은 늘 해석을 요구하고 있다. 그러나 이러한 변화 과정 내내 순수 언어를 획득하려는 의지는 항상 존재한다. "역사를 관통하는 언어들 사이의 이 전반적 관계는 하나의 통일체로서의 각 언어 속에는 동일한 것이 의도되어 있다는 것과, 그런데도 이 동일한 것은 어떤 단일한 언어에 의해서가 아니라 순수 언어라고 하는 언어들의 상보적 의도의 총체성에 의해서만 획득된다는 사실로 (구성)되어 있다"(IV 13). 여기에서 순수 언어를 획득하려고 하는 이 의도는 작품이 그 주제를 가지고 전달하려는 것과는 사뭇 다르다는 점이 다시 한 번 명백해진다. 작품에 담긴 의도가 일반적인 의미로 번역될 수 없음은 자명하다. 그리하여 "(무언가를) 중개하려(vermitteln) 하는 번역은 어떤 통지 내용(Mitteilung), 즉 비본질적인 어떤 것 이외에는 아무것도 중개할 수 없을 것이다"(IV 9). 순수 언어를 획득하려는 의지에 있어서는 원전이나 번역 모두 본원적(originär)이다. 그러나 동시에 원전과 번역 사이에는 서로 다른 점이 존재한다. 주석과 비평이 작품을 완성시키듯이, 번역은 순수 언어에 관한 관점을 미세하게 변화시킴으로써 원전을 완성시키는 것이다. 번역은 "자신의" 언어를 통해서 순수 언어 안의 비의도적 요소를 불러내는 것이다.

벤야민은 "언어적 실체"(ein Sprachliches)로서의 비극과 "이데아"로서의 비극을(I 218, 215) 주장함으로써 비극과 자신의 언어철학 간의 연관성을 엮어낸다. 더 나아가 그는 비극에 관한 자신의 책 끝 부분에서 인류의 원죄적 타락에 대한 자신의 해석을 되풀이한다. 더구나 그는 숄렘(G. Scholem)에게 보내는 1925년 2월 19일자 서신에 자신의 글 "인식 비판 서문"(Erkenntniskritischen Vorrede)에 대한 자신의 해석을 보낸다.

그는 이 서문이 "언어 일반과 인간의 언어에 관하여"에서 논한 인식론의 생각을 계승하고 있음을 밝힌 후, 이 서문의 성격을 다음과 같이 좀더 정확히 규정짓고 있다. 이 서문은 "아는 바와 같이 이데아론으로 엮어보았던 언어에 관한 나의 초기 작업의, 말하자면 제2단계(작업)인 셈이다—더 나은 것이 되었는지는 모르겠지만"(Br 372). 그의 언어철학에서 순수 언어를 얻기 위해 주제로 삼고 있는 이데아는 언어 내용과 구별될 수 있는 요소 또는 언어로 말해질 수 있는 것과 구별될 수 있는 요소인 "주조적(鑄造的) 원리"(prägende Prinzip) 또는 "언어적 형상"을 논한다. 그것은 언어를 통해서가 아니라 언어 안에서 이해될 수 있는 것이다.

결과적으로 독일 비극에 대한 벤야민의 관심은 그 주제나 "문체"에 있다기보다 오히려 이데아에, 또는 그의 표현대로, 독일 비극의 본질로서의 언어에 있었던 것이다(I 230). 벤야민은 이 본질

을 "주조적 힘"(prägende Gewalt, I 216) 또는 형상이라고 파악한
다. 이때 "형상"은 내용의 반립으로서가 아니라 언어로 말해진 텍
스트(일반적으로 현상)를 독해할 수 있게 하는 어떤 것, 즉 이데
아로 이해되어야 한다. 벤야민은 현상과 이데아 간의 긴장을 별들
과 성좌의 은유를 빌려 설명한다. "이데아들이 사물에 관련되어
있는 방식은 성좌들이 별들에 관련되어 있는 방식과 같다… 그들
(이데아)은 그들(사물)의 개념이나 법칙이 아니라" 그들의 배열
이며, "독특한 극단(das Einmalig-Extreme)과 동종 내 타자와의 사
이에 존재하는 연관 구조인 것이다"(I 214).

그리하여 비극의 언어적 형식은 직접적으로 이데아에 관련되어
있다. 여기에서 우리가 다루고 있는 것은, 처음부터 감지할 수 있
듯이, 플라톤의 이데아론을 재활용하자는 것은 아니다. 왜냐하면
작품과 이론의 진리 내용은 항상 구체적·역사적 성좌를 가리키
고 있기 때문이다. 19세기 파리가 바빌론을 인용하고 있듯이, 바
로크 시대는 고대를 인용하고 있는 것이다. 미슐레(Michelet)가 말
한 "모든 시대는 다음 시대를 꿈꾼다"(chaque époque rêve la
suivante)는 현재는 역사 속에서 확인될 수 있다는 벤야민의 생각
을 뒷받침하고 있다. 그런데도 비극의 "기원"에 대한 관심은 역사
적 진행에 의해서 충족되는 것이 아니라, 현상을 담을 필요도 (그
럴 수도) 없는 반목적 세력들을 독해할 수 있게 될 때 충족되는
것이다.

그리하여 현상과 이데아가 일치될 수 없으며, 한쪽이 다른 쪽으
로부터 도출될 수도 없다는 사실에 대해 논의가 이루어질 때는,
양자간의 매개에 관해 질문이 제기된다.

개념들은, 한편으로는 현상들을 모으며 이데아를 표상하는 데

기여하는 한편, 다른 한편으로는 이데아와의 관계성을 창조하기 위해 필요 전제 조건이 되는 현상들을 흩뜨려버린다. 현상과 이데아 간의 이 운동 속에서 개념은 자신을 파멸시키고 자신을 소모해 버린다. 이데아의 형태(배치)가 번쩍일 때, 개념의 기능과 존재는 소멸된다. 마치 번역이 변형의 연속을 통과하듯이, 개념들도 해석적 비평의 요소로서 변형된다. 비평과 개념은 변화되기 위하여, 그리고 이데아 속의 한 보완책으로서의 비평의 대상이 되기 위하여 자신과 그 대상들을 극복한다. 수없이 인용되고 있는 벤야민의 인용문들로 된 모자이크 기법은, 흔히 일컬어지고 있는 것처럼 자의적으로 수집된 인용문들의 집적에서가 아니라, 바로 여기에서 시작되는 것이다. 그리하여 "인식 비판 서문"의 명시적 목표이기도 했던 "현상의 구원과 이데아의 표상"은, 한편으로는 석화(石化)된 질서의 파괴를, 그리고 다른 한편으로는 알레고리의 형식과 우울증의 주문 속에서만 파악될 수 있는 진정한 인간성의 풍토를 창조하는 것을 의미한다.

제4장 부르주아 세계의 알레고리화

　벤야민은 전체주의화의 길로 치닫는 부르주아 사회의 법 체제를 지켜보면서, 자신의 부르주아 사회관을 분절해 내는데, 이는 바로크 시대의 절대 군주 국가에 대한 그의 분석에 긴밀히 연관지어 이루어진다. 바로크 시대에 있어 중심 주제는 무상(無常)의 땅(Topos), 즉 허무(Vanitas)였다. 인생이나 지상의 아름다움, 사회적 가치 따위는 일시적이며 상대적이다. 이러한 통찰은, 우리는 최후 심판의 날에 선민의 하나로 선택되기는커녕 무시당하고 말지도 모른다는 생각, 폐허야말로 위협당하고 있는 우리의 복락을 제대로 상징하고 있다는 생각, 미로야말로 잘못 들어선 길을 헤매는 지상의 삶과 같다고 하는 우울한 상념 등으로 우리를 끌고 간다. 그러나 이 황량한 파괴와 방향 상실성은 바로 바로크 예술의 심미적 주제였다기보다는 당시의 정신적 기질의 표현이었다. 발터 벤야민은 19세기가 터(Topoi)에 있어서만 아니라, 정신적 기질에 있어서도, 바로크 시대를 그대로 인용하고 있음을 보여준다.

　우선 바로크 시대는 구원에 대한 소망을 포기해 버리겠다고 생각하는 것은 아니면서도, 중세의 고난당한 인류가 가지고 있던 구원에 대한 확실성을 결여하고 있었다고 벤야민은 생각했다. 이러한 우선적인 직관적 통찰은 그의 후속 연구에서도 확인되고 있다. 이것이 벤야민이 비극을 세계 해석이라고 여기는 (그리고 세계의 언어적 표상이라고 여기는) 근거이다. 벤야민은 그의 언어철학적 성찰에 따라 이러한 연극(비극)들의 주제와 이들을 형성하는 이념들을 구별짓고 있다. 주제와 관련하여 그는 절대 국가에서의 갈등과 국민에 관한 인간학적·정치학적 분류법을 생각한다. 군주는 가장 힘있어 보이지만 어떤 결정을 내리려고 하는 순간 절대적으로 무력한 존재임을 드러내고 만다. 군주의 위용과 지배 역량 사이에는 건널 수 없는 심연이 입을 열고 있다. 적대자들을 향해 극도의 잔인성을 행사하는 절대 군주는 궁극에는 자신이 그들의 잔인성의 제물이 되고 말 것임을 안다. 독재자는 동시에 순교자이다. 왜냐하면 억압은 그 결과에 있어서 필연적으로 자기 파멸을 가져오기 때문이다.

굽신대는 신하는 예를 다하고 있지만 동시에 기회가 오면 제일 먼저 군주를 배반할 완벽한 음모꾼일 수 있다. 독일의 비극은 그리스의 비극과 달리 인간으로 하여금 자신의 운명에 화해하게 하는 우주 질서를 알지 못한다. 지상의 실재는 믿을 만한 것이 못되며, 아름다움은 무상하고, 가치는 타락하며, 구원은 불확실하다. 중세와는 달리 바로크 시대의 인간들에게는 천국에 이르는 직통로가 약속되어 있지 않다(I 258 이하).

공허의 경험과 불확실해져 버린 구원에 대한 소망은 바로크 시대 사람들을, 그들이 비록 소망을 포기하지는 않았다 할지라도, 절망 속으로 몰아넣고 말았다. 이러한 대비는 벤야민으로 하여금

비극의 이념과 주제 간에는 긴장이 흐르고 있다는 확신을 갖게
한다. 벤야민에 의하면 이런 긴장은 우울증의 복잡 다기성 속에서
구체화된다. 슬픔과 멜랑콜리는 인간으로 하여금 말을 잃게 한다.
그런데도 언어의 본질을 표상하는 것은 바로 이 침묵인 것이다.

예술적 형식으로 볼 때, 독일 비극은 알레고리[1]이다. 즉 추상적
개념의 가시적 표상인 것이다. 벤야민은 영원과 덧없음, 이념과
표상(Anschauung) 간의 긴장이 결합하는 것을 다음과 같이 설명
한다. 알레고리를 구성하는 제일 큰 동기들 중 하나는 사물의 무
상성에 대한 통찰과 사물을 영원으로 구원하려는 관심이다(I
397).

이 통찰과 관심 사이의 반목은 주제를 정의한다기보다 비극의
이념을 정의한다. 이 반목은 우리를 슬프게 하며, 이 슬픔은 다시
"알레고리의 어머니 즉 알레고리의 주제"(I 403)로서 모습을 나타
낸다. 문예 부흥기를 거쳐 되살아난 고전적(antiken) 전통에 의하
면, 우리가 창조와 구원의 힘에 잇대어져 있음을 확인시켜 주는
것은 바로 슬픔 또는 멜랑콜리 속에서이다. 벤야민은 파노프스키
(Panofsky)와 작슬(Saxl)이 제시한 뒤러(Dürer)의 《멜랑콜리아 I》
(*Melencolia I*)에 대한 해석에 기초하여 이러한 주장을 펼친다. 일
상적 삶(vita activa)의 기지를 발 아래 버려둔 채로 있는 관조적
삶(vita contemplativa)이야말로 테오프라스토스(Theophrastos)가 지

---

1) 단어의 문자 그대로의 일차적 의미를 넘어서는 숨겨진 의미나 상징적·
  신비적 의미를 제시하는 표현 방식이다. 예를 들면 구약 성서에서 솔로몬
  왕이 쓴 연인들 간의 연가는 예수와 교회 또는 신과 이스라엘 민족 간의
  사랑을 표현하거나, 등불을 미리 준비한 다섯 처녀와 그렇지 못한 다섯
  처녀의 이야기는 천국의 도래에 준비된 신자와 불신(不信)의 이방인을
  의미하거나 하는 식이다—옮긴이 주.

적한 것처럼 멜랑콜리에서 연원하는 천재성을 구체화한다. 반면
에 중세에는 멜랑콜리적 나태는 치명적인 죄로 여겨졌다. 피치노
(Ficino)는, 아랍의 우주론적 배경과 그리스적 유머의 병리에 맞
서, [토성(土星)으로 표시되는] 멜랑콜리와 천재성의 관계를 회상
시킨다. 대립의 별, 토성은 가장 무거운 별인 동시에 가장 가벼운
별이다. 그러므로 토성의 자식들은 대립의 성격을 특징으로 지닌
다. 이 대립성은 석화된 질서 체계를 멋지게 돌파해 내는 전제 조
건이다. 지상의 천재들이 가지고 있는 천재적 면모는 알레고리 형
식을 통해서 적절히 나타난다. 한편으로 알레고리에는 무상성을
구원하는 힘이 있다. 벤야민에 의하면 바로크 시대는 이것을 발견
했던 것이다. 다른 한편 구원의 완성은 유기체와 살아 있는 것들
의 소멸 이후에야 가능해진다(I 669 이하). 알레고리적·우울병적
응시는 이 세계를 초토화해 버린다. "폐허 속에 비틀거리며 서 있
는 것, 즉 가장 암시적인 조각과 부스러기들, 그것이야말로 바로
바로크식 창조의 가장 고상한 물질이다"(I 354).

"대상이 멜랑콜리의 시선 속에서 알레고리적으로 나타나게 될
때, 멜랑콜리가 대상으로부터 생명이 흘러나오게 할 때, 대상이
죽은 채로 영원히 안전하게 남아 있을 때, 그때 대상은 알레고리
작가의 자비(또는 무자비)에 내맡겨진 채 그의 앞에 놓이게 된다.
이는 대상이 이제부터 어떤 의미도 느낌도 발산할 수 없음을 의
미한다. 대상은 이제 알레고리 작가가 부여하는 의미를 수용할 뿐
인 것이다. 작가는 단도직입적으로 대상에게 의미를 부여하는데,
이것은 심리학적 의미에서가 아니라 존재론적 의미에서 하나의
사태(Sachverhalt)이다"(I 359). 알레고리가 사물을 구원하고자 한
다면, 그것은 "폐허에 집착하지 않으면 안 된다." 사물의 구원을

위한 사물의 파괴를 통하여, 알레고리는 "굳어버린 불안(erstarrte Unruhe)의 이미지"(I 666)를 제시한다.

바로크(시대 정신)는 실로 "생명에 대한 반립적 감정을 구성" [휩셔(Hübscher)]하고 있다고 할 수 있으나, 그것은 동시에 존재 론적 태도 그 자체이기도 하다. 절대주의의 정치적 성좌를 구성하 는 반립적 요소는 말하는 피조물이자 말을 잃은 피조물이라는 두 가지 태도로 나타나는 멜랑콜리의 반립적 요소와 일치한다. 이것 은 알레고리의 형식을 취한다. 그리하여 벤야민은 "알레고리야말 로 우울병자에게 제공되는 유일하고도 강력한 오락이다"(I 361) 라고 쓰고 있다.

사실상 바로크 예술 작품은 "창백한 시체로 장식하고" 피의 잔 과 잘린 두개골을 식탁에 내놓으며, 초월의 영역을 향하여 활을 겨누고 있다. "죽음의 입장에서 볼 때는, 결국 시체로 되는 것이 산다는 것의 의미일는지 모르지만"(I 392), 단순히 덧없음이라는 말이 최종적 언어일 수는 없다. 어떤 경우에든 벤야민은 자신에게 초월로의 비약을 허락하지 않는다. 사실상 《독일 비극의 기원》은 확신에 찬 "인식 비판 서문"을 염두에 두고 있을 뿐 아니라, (역 사 속에서의 구원이 아니라, 역사로부터의 구원이라는 의미에서의) 역사 내의 가능한 신적 개입, 즉 신비한 상념(ponderación misteriosa)의 관점으로 끝맺고 있다. 그런데도 비극에 관한 이 책 의 중간 부분은 총체적인 절망이 지배하고 있다.

벤야민에 의하면 19세기는 17세기에 가동했던 반목적 자기 파 멸적 사회 세력을 고전적 배경으로 인용하고 있었다. 19세기에 와 서 이들 세력들은 상업 사회에 의한 인간의 신화적 기만에서 절 정을 이루었다. 여기에서도 역시 실제적 반목과 이에 조응하는 개넘적 반립들은 알레고리에서 자신들을 표현할 적절한 길을 찾아 냈다[한 예로 보들레르가 《악의 꽃》(Les fleurs du Mal)에서 이를 범용화하여 발전시켰듯이]. 알레고리는 건설과 파괴, 희망과 슬픔, 미몽과 각성, 실재와 허구 간의 긴장을 분절해 낸다.

이하의 글에서 우리의 관심은, 바로크 시대의 화상학적(畵像學的)·정치사회학적 배경에 있다기보다, 당대의 문화적 기질이 지니고 있던 형상을 정의하는 일(Formbestimmung)에 있다. 형상의 정의는 내용에 대립하는 의미에서의 형식이 아니라, 개념과 실재에 관한 특정 성좌로서의 형상이다. 발터 벤야민은 형상의 개념을 다음과 같이 정의한다. "기원에 관한 학으로서의 철학적 역사는 곧 형상을 의미한다. 그것은 극단을 통하여 혹은 명백히 과도한 발달을 통하여, 그 극단의 반립들이 유의미하게 공존할 수 있게 하는 총체로서의 이데아 형태가 그곳에 출현하게 하는 형상인 것이다"(I 227). 여기에서 중요한 것은 형상을, 최극단들에 의해 규정되는 총체, 그리고 그러한 반립들이 유의미하게 공존하는 것으로서의 총체라고 정의한 점이다.

형상에 대한 이러한 정의는 두 가지(견해)를 배제하고 있다. 하나는 총체성을 헤겔식 변증법적 의미의 종합으로 생각하는 것, 즉 보다 높은 차원에서 반립들을 지양하는 것이고, 다른 하나는 총체성을 자의적 공존 즉 다원성으로 생각하는 것이다.

이 형상의 정의에서 우리의 관심을 끄는 대목은 극단들의 자율성을 강조하는 점이다. 즉 반목적 구체화에 의한 힘들뿐 아니라, (질적 구체화라고 할 수 있는) 개념적 정의들, 그리고 개념과 이념 간의 대비까지를 포함한 극단들의 자율성이다. 그럼에도 불구하고 이 정의가 총체성을 다루고 있다면, 그것은 반립들 간의 화해로 이해되어서는 안 될 것이다. 화해할 수 없는 반립을 특징으로 하는 총체성을 적절히 표상하고 있는 예술적 형식이 바로 알레고리이다. (문자 그대로 "무언가 다른 것을 말하기"를 의미하는) 알레고리는 예를 들어 추상적인 것과 감각적으로 지각될 수 있는 것 등 화해할 수 없는 적대 세력들을 반립적으로 표상한다. 이런 관점에서 알레고리와 상징은 양극을 이루고 있다 하겠다.

괴테는 이미 이 반립성을 통찰력 있게 정형화하면서, 상징에서는 (예외적인 것에서부터 출발하여) 보편적인 것을 지향하는 경향을, 그리고 알레고리에서는 비하하려는 의도를 지닌 채 (보편적인 것에서부터 출발하여) 예외적인 것을 지향하는 경향을 읽어낸 적이 있다. 알레고리의 본질적인 정의에 국한해서 말한다 할지라도, 우리는 극단이 극단으로 보존되는 총체성을 구성하고 있는 알레고리의 속성을 강조해 두지 않으면 안 될 것이다.

벤야민은 알레고리 형식에서 역사적 의미와 분석적 의미를 찾아내고 있다. 역사와 관련하여, 그는 바로크 시대가 고전을 "인용" 또는 회상하고 있음을 지적하고 있다. (다른 한편) 알레고리의 분석적 역량은 일견 명백해 보이는 구체적 현상 속에서 반립적 세력들을 읽어내는 힘이다.

바로크 시대가 고전성을 인용한다고 말할 때 그것은 무엇을 의미하는가? 벤야민의 견해에 따르면, 바로크 알레고리는 위기 경험에 대한 반동이다. 17세기에 이르러 "나름대로 수확을 거두며, 새로이 나타난 교설에게 자신을 강요해 온 고전성은 축적해 온 모든 힘을 다하여, 결국 기독교에도 위협적으로 다가왔다. 그것은 불가지론이었다"(I 394 이하). 그러나 바로크가 고전성을 선호하는 또 다른 측면이 있으니 그것은 기독교의 "죄의 육체(자연)"

(schuldbeladenen Physis, I 400) 개념에 입각하여 고대의 신들의 세계가 지니고 있던 보다 순수했던 자연 개념에 대결하는 (바로크적) 면모이다. 이방신들의 세계를 박멸하려는 기독교의 목적에 부응하려던 고전의 생생한 재생은 오히려 전자를 회생시키는 역설적 결과를 낳는다. 고전성은 기독교의 반립으로서 현재에 존재하고 있으며, 이러한 반립들의 성좌는 이제 문화를 규정하는 요소로 드러나 있다.

우리가 여기에서 주제로 다루고 있는 것은 무상성과 영원성, 그리고 최후 심판의 날에 (구원에서) 제외되는 것과 구원받는 것 간의 긴장이다. 벤야민은 "알레고리가 가지고 있는 가장 강력한 동기 중 하나는 사물들의 무상성에 대한 통찰이며, 이들을 영원으로 구원하려는 욕망이다"(I 397)라고 말한다. 그는 또한 말한다. "알레고리가 가장 영속적으로 머무르는 시점은 무상성과 영원성이 가장 밀접하게 결합되어 있을 때이다"(I 397).

고전성과 바로크 시대 간의 긴장은, 다른 시대들 사이에서와 마찬가지로, 진보냐 쇠퇴냐라는 용어로 평가되어서는 안 된다(V 571). 과거 시대를 회상하는 일은 우리의 시대를 형성하고 있는 반목적 세력들을 명백히 드러내는 데 기여한다. 이 명시화 작업은 양차 세계 대전 기간 동안에 벤야민이 사유의 제목으로 삼았던 것이기도 했는데, 그는 이것이 19세기의 미몽으로부터 깨어나게 하는 데 기여할 것으로 보았다. 그는 미슐레에 동조하여, 모든 시대는 다음 시대를 꿈꿀 뿐 아니라, 꿈을 통해 그것(다음 시대)을 각성하게 한다고 말한다(V 59). 벤야민의 역사철학은 공허한 동질적 시간 개념에 반대하며, 역사를 "현재 시간으로 채워져"(von Jetztzeit erfüllt) 있는 것으로 해석한다. 이른바 진보라고 하는 것의 직선적 연속 기록은 차단된다(I 701). 역사의 기록은 역사의 인용이다(V 595). 어떤 주어진 역사 대상물도, 마치 수집가가 어떤 대상물을 경제 유통 과정에서 주워가듯이, 그 배경 맥락으로부터 떼어낸 것이다. 벤야민은 "현재를 역사 속에 나타난 영원의 이면으로 이해하며, 보이지 않는 이 동전의 이면에서 어떤 상(像)을 복제해 내기 위하여"(Br 459) 현재를 과거와의 팽팽한 긴장 관계 속에 설정한다. 그리하여 구원에의 차원이 구축되게 되는 것이다.

꿈과 깨어남의 관계는 알레고리에 관한 두 번째 논의, 즉 알레고리의 분석적 의미를 생각하게 한다. 벤야민은 수도 파리의 최근세사를 뒤짐으로써 감각적 현상의 공허성(Vanitas)과 영원성, 또는 무상성과 구원 간의 반립을 추적한다.

벤야민에게 파리는 프랑스의 수도일 뿐만 아니라, 그가 인용문들의 수집으로 남겨놓은 그의 전설적 주저 《파사주》 속의 부제 중 하나로 암시하고 있듯이, 파리는 "19세기의 수도"이다. 제2제국(1852~1870) 당시의 파리는 과대 망상증이 지배하고 있었다. 벤야민은 "파리의 역사"(Histoire de Paris)로부터 다음 구절을 발췌하고 있다. "황제와 장관들은 파리를 프랑스의 수도로뿐만 아니라 세계의 수도로 만들기를 원했다"(V 193). 전세계의 수도가 있다는 유토피아적 사고에서 볼 때, 이것은 이 수도가 곧 세계이며 혹은 우주이다라는 생각을 향한 작은 발걸음일 따름이다. 전세계의 모든 언어가 쓰이는 이 새로운 우주적 수도에서 우리는 쉽사리 위대한 매춘부, 옛 수도 바벨을 알아보게 된다(계시록 18: 6~22). 파리는 자본주의의 전성기에 등장한 바빌론의 재림으로서, 현대의 바빌론으로서 소비와 사치의 천국이다. 그러나 뒤에서 살펴보겠지만 이 물건들과 상품의 세계(마르크스)는 동시에 지옥이기도 하다.

  19세기 중엽 무렵부터 개설된 만국 박람회는 산업 생산에 의해 가능해진 거대한 소비재의 공급망을 개관할 수 있게 한다. 그러나 이 박람회는 동시에 대다수의 노동자들이 이 상품들을 향유하는 대열에 낄 수 없음을 보여준다. 이것이 "폭로"된 후에야 두 번째의 진리는 모습을 드러내는데, 그것은 이 사물의 세계만큼, 즉 상품들이 사용 가치 대신 교환 가치가 되어버리는 세계만큼 사물을 무가치하게 만드는 것은 없다는 점이다. 파리는 19세기의 수도이다. 왜냐하면 그곳은 소비와 사치와 유행의 수도이기 때문이다. 부는 상품의 축적이라는 마르크스의 정의를 따라 그랑빌(Grandville)은 백화점을 통해 구입되는 직물의 양이 프랑스의 모든 철길을 충분히 덮을 만큼 된다고 묘사한다. 백화점들은 누가 가장 규모가 큰지 서로 경쟁을 벌인다. 한 백화점은 자신이 "수도권 내에서 가장 큰 백화점"이라고 선전하는가 하면, 다른 백화점들은 이에 질세라 자신이 "제국에서" "유럽에서" "지상에서" "우주에서" 가장 큰 백화점이라며 상대를 압도한다.

  이러한 상품들의 집적과 만국 박람회와 상품의 순환 속에서 핵심적 역할을 수행하는 것은 새롭게 건설된 회랑식 시장(Passagen)과 그곳에서 시간 보내기를 즐기는 사람들, 즉 빈둥대는 배회자들(Flaneur)과 창녀들이다. 이들의 속성은 상품의 속성으로부터 도출되어 나온다. 우리는 벤야민의 《파사주》가 다른 무엇보다도 마르크스의 《자본론》(Kapital)에 대한 비판적 분석이라는 것을 알고 있다. 그 자신도 인정하거니와 벤야민은 그 자신이 사적 유물론의 중심 문제라고 여기고 있는 것을 해결하고자 하였다. 그는 마르크스의 방법론을 해명하려는 것이다.

이런 연관 속에서 그는 미시 관찰법을 개발한다. 그는 특정 사회적·문화적 유형의 일반적 성격을 구체적 현상들을 통해서 추정한다. 이러한 과정을 통해 벤야민은, 마르크스가 이미 물신성이라고 선언했던, 상품성의 성격에 대한 자신의 독창적인 분석을 개발할 수 있게 된다.

《파사주》초고에서 벤야민은 이미 상품성의 물신적 성격이 작품의 핵심 주제가 될 것이라고 선언한다. 이 분석에 따르면 상품성이 사회 조직과 사회 관계의 산물이라고 하는 각성은 사라져버렸고, 그 결과 사회 관계는 사물들의 관계로 전락해 버리고 말았다. "그리하여 상품성 형식이 지니고 있는 신비성이란 것은 상품 형식이 인간 자신의 노동에 담긴 사회적 성격을 작업 결과물 자체의 객관적 성격인 양, 즉 사물의 사회적 자연 본성(gesellschaftliche Natureigenschaften dieser Dinge)인 양 인간들에게 반사된 것과 다를 바 없다"(*Karl Marx und Friedrich Engels Werke*, Berlin: Dietz Verlag, 제23권, 86면).

여기에서 언급된 사회 관계의 물화는 자본주의의 근본적 모순을 드러내는 정의, 즉 사용 가치와 교환 가치를 동시에 가지는 상품의 이중적 속성에서 연원한다. 마르크스에 의하면, 인간 관계의 물화를 야기하는 원인은 생산 조직의 영역에서 온다. 혁명의 불발, 제2인터내셔널의 전개, 그리고 소련 연방의 정치적 상황 등을 본 벤야민은 상품의 물신성을 설명할 때, 생산 영역보다 마르크스가 이미 추방해 버린 마술적 환각에 더 주된 강조점을 두게 된다. "사물들의 관계에 관하여 인간 자신들을 위한 환각적 형식을 취하는 것은 인간들의 특정 사회 관계 때문이다"(같은 책).

마르크스에게 상품의 물신성은 객관적 사실인 반면, 벤야민에게 그것은 인간의 집단 의식 내의 한 현상이다. 그는 다음과 같이 결론짓는다. "물신성으로서의 상품이 지니고 있는 속성은 상품을 생산하고 있는 사회 자체에 유착되어 있다. 사회가 본래적으로 그렇다기보다 사회 자신이 상품을 생산하고 있다는 사실로부터 자신을 추상해 버릴 때 생기는 (사회의) 항상적 자기 이해 방식 또는 표상 방식으로서 그러한 것이다. 따라서 사회가 스스로 생산해 내고, 습관적으로 자신의 문화라고 명명하는 자신의 상(像)은 환영(幻影) 개념일 뿐이다(V 50, 1256).

소비의 수도이자 백화점이며, 특히 쇼핑 상가이기도 한 파리는 바로 이 환각의 구체화이며, 상품의 물신성으로 그리고 "비유기체의 성적 매력"(V 51)으로 나타나는 반립들의 성좌인 것이다. 벤야민은 《파리의 시골뜨기》(*Le paysan de Paris*)에 나오는 오페라가(街)에 대한 아라곤식 묘사에 의존하여 회랑식 상가 현상을 다루어보려는 충동을 느낀다. 벤야민은 회랑식 상가를 교환 가치가 하나의 물신으로 숭배되는 종교 회당으로, 즉 사람들이 상품의 물적 속성에 동화하는 곳이라고 간주한다. 그는 이 과정에 대해 그가 "변증법적 몽환 세계"(Eine dialektische Feerie)라는 소제를 붙여 쓰려고 계획했던 글 속에서 언급하면서, 그것은 이론적인 면에서나 실천적인 면에서나, 합리성보다는 마술성에 더 많은 관련성이 있다고 말한다. 회랑식 상점가의 이념과 그 안에서 일어나고 있는 일은 마술적 또는 신화적이라고 부를 수 있다. 왜냐하면 여기에는 사람들로 하여금 그들의 사회 관계를 구성하게 하는 의식이 실종되어 있기 때문이다. 그리하여 그들은 무의식적으로 사물의 세계에 자신을 내맡겨버린다. "욕망을 불러일으키는 것을 유일한 목적으로 삼는 호화판 상점가"(V 93)인 회랑식 상가는 이러한 거래

원리에 근거를 두고 있다. 그것은 유행이 무언가 새로운 것의 영원 회귀를 연출할 수 있도록 기회를 제공하는 한편, 물신이 숭배되도록 예배 의식을 규정한다. 사람들은 그들의 의식을 지배할 뿐 아니라 자신들을 의존적으로 만드는 힘, 즉 고대의 신화와 현대의 자본주의라는 신화를 그들 스스로 불러들이는 것이다.

이것의 한 예가 빈둥대는 배회자의 모습으로 나타난다. 그가 택하는 환경이 회랑식 상가이다. 그가 (집 밖의 것을 집 안의 것으로 바꾸어버림으로써) 사실상 상가를 자신의 거실로 만들어 버리는 이 사실은 사회 관계의 전도를 보여준다. 이 배회자는 현대 알레고리의 한 전형이다. 그는 상품의 홍수에 직면하며, 그것들을 소유할 수 있으리라는 환상 속에서 일한다. 하지만 그러는 동안 그는 타인들 속에서 자신을 하나의 상품으로 만들고 있다는 사실을 깨닫지 못한다. 그는 자신이 상상하고 있는 대로 자신의 주변을 둘러보려고 상가에 가는 게 아니라, (자신을) "구매할 자"를 찾기 위해 타인들로 하여금 자신을 쳐다보게 하려고 상가에 가는 것이다. 벤야민은 이것을 다음과 같이 정형화한다. "그는 걸어다니는 것 자체를 매각될 수 있다는 개념으로 등식화한다(Er führt den Begriff der Käuflichkeit selbst spazieren). 그 자신이 팔릴 수 있는 것(verkaufen)이다"(V 93). 배회자는 거북이를 줄에 묶어 끌고 다니며 걷는 것으로서 자신의 값어치를 알리는 것이다. 실제로 시인 제라르 드 네르발(Gérard de Nerval)은 가제를 실에 묶어 끌고 다니며 어정거렸다고 전해진다.

회랑 상가와 백화점의 진실은 그곳들이 배회자의 환상이 구체화된 곳이자(V 1232) 상품 자본의 성전(聖殿)이라는 데 있다(V 1021). 회랑 상가와 백화점에서의 배회자는 매춘부의 정신적인 상대자로 여겨도 좋을 것이다. 벤야민의 정의에 의하면 매춘부는 상품을 파는 자일 뿐만 아니라 그 자신이 상품이다. 반립들의 통일인 그녀는 사용 가치와 교환 가치에 대한 순수한 형태의 알레고리이다. 배회자와 매춘부는 우리 모두를 대변하듯, 끊임없이 안정된 생활 형식의 경계를 넘나드는 월경자(越境者)들이다. 이들은 회랑 상가의 통과 의례(rite de passage)에 영원히 복속된다. 이런 의미에서 회랑 상가는 지옥의 입구, 즉 상품의 지옥, 물화된 인간 관계의 지옥, 저승 세계로의 입구가 된다.

벤야민은 자신의 《파사주》의 편집물 C를 보내면서 아울러 베르길리우스(Vergilius)의 시 《아에네이스》(Aeneis)[2]에서 따온 "저승으로 가는 길은 쉽다"(Facilis descensus Averno)라는 구호를 첨부한다. 벤야민은 이 편집물에서 회랑 상가와 저승 세계의 관계를 입증하고 있다. "고대 그리스에서는 저승으로 내려가는 곳이 표시되어 있었다. 생전의 우리 삶 역시 어디엔가 저승으로 내려가는 곳이 감추어져 있을 뿐만 아니라, 꿈이 유입되는 평범한 처소들로 가득 찬 땅인 것이다… 백주에 대도시 안에 있는 건물들의 미로는 바로 이러한 의식을 닮아 있다. 낮 동안 상가들은 부지불식간에 거리로 흘러들지만, 밤에는 검은 건물더미 밑에서 더 짙은 어두움이 소스라치게 뛰쳐나오고, 때늦은 행인들이 걸음을 재촉해 그곳을 지나간다…"(V 1046).

우리가 저승 세계를 동시에 자본주의적 지옥으로, 그리고 반립들로 규정되어 있는 개별적·집단적 허위 의식의 상징으로, 그리하여 하나의 알레고리로 이해하는 것은 자명한 일이다. 역사적·

---

2) 트로이 왕자 아에네이스(Aeneis)의 유랑을 읊은 서사시 ―옮긴이 주.

상징적 관점에서 볼 때, 고대의 사상과 기독교 또한 여기에서 알레고리적 구조를 형성한다.

마르크스는 이미 고대의 저승 세계란 "비인가자 출입 금지"라고 입구에 써 붙인 자본주의 생산의 이면일 뿐이라고 해석한 바 있다. 그러나 우리는 동일한 정당성을 가지고 "이곳에 들어오는 자는 희망을 버려라"라는 단테(Dante)의 말을 인용할 수 있다. 현대와 자본주의의 관계를 벤야민은 이렇게 정형화한다. "이 현대가 자신을 표현하기 위해 사용하는 특성들의 총체를 기술하면 그것은 곧 지옥을 묘사한 것이 된다"(V 1011).

자신의 역사철학을 전개하고 있었던 비극론에서, 벤야민은 역사를 알레고리로, 혹은 얼어붙은 원초적 풍경(Urlandschaft)으로 규정한 바 있다. 이러한 배경 아래서 그는 이제 상가를, 상품을 알레고리가 되어버리게 하는 "소비의 원초적 풍경"으로 규정짓고 있다(V 1215). 이러한 알레고리는 삶을 의미하는 소비를 표상하며 동시에 죽음을 의미하는 교환(에 근거한) 사회를 표상한다. 미로에 탐닉하는 바로크에 의해, 그리고 포(Poe)의 《군중의 인간》(*Man of the crowd*)에 의해 고무되어 있었던 벤야민은 미로로서의 대도시라는 개념을 통해, 대도시는 곧 상품의 지옥(Warenhölle)이자 저승 세계라는 견해를 보완한다. 그는 도시를 "미궁에 관한 인간의 옛꿈이 구체화된 것"으로 간주한다(V 541). 우리가 도시에 굴복하는 유일하고 적절한 방식은 목적 없이 도시를 배회하는 것이며, 이는 학습되어야 한다. "도시에서 방향을 잃어버리게 되는 것을 그리 대단한 일이라고 할 것까지는 없다. 그러나 숲속에서 길을 잃는 것과 같은 방식으로 도시에서 길을 잃어버리는 것은 훈련을 필요로 한다"(VII 393).

벤야민에 의하면 배회자와 상품과 미로 간의 밀접한 관련성은, 미로는 "늘 자신의 목적지에 일찌감치 도착하는 자가 택하는 적절한 통로이며, 이때 목적지는 시장이다"(I 668)라는 그의 생각에 잘 드러나 있다. 이 통상적인 상품 거래와 매춘을 위한 시장을 벤야민은 대도시가 지니고 있는 신화적 면모의 새로운 비밀이라고 생각한다.

이러한 외적 실재에 맞서 하나의 도취적 경험이 존재한다. "도취적 황홀경에 도달하려면 아리아드네의 실(Ariadnefaden)을 회상하지 않으면 안 될 것이다. 단순히 실타래를 풀어내는 행위 속에 무슨 쾌락이 존재하는가… 우리는 전진한다. 그리고 그러는 가운데 우리는 탐색해 나가는 동굴 안의 굽은 길들을 발견하게 될 뿐만 아니라, 실타래의 실을 풀어나가는 일에 내재하는 또 다른 리듬의 희열에서만 찾을 수 있는 발견의 기쁨을 즐기게 되는 것이다"(IV 414).

꿈과 도취는 인간의 원초적 경험에 속한다. 동시에 양자는 신화와 관련되어 있는 한 "비지향적인 진리의 영역"(intentionslosen Bereich der Wahrheit)에 관련되어 있다. 꿈과 도취에서는 재앙을 그 자체로 드러나게 하는 힘뿐만 아니라 또 다른 실재로의 진입을 위한 전제 조건이기도 한 힘들이 흘러나온다. 꿈에는 깨어 일어나게 하는 충동이 내재되어 있다. 변증법적 사유는 이러한 역사적 각성의 도구가 된다. 이 사유는 꿈의 요소를 사용하며 매 시대가 자신의 목적을 예견하고 있음을 선명히 보여준다. 초현실주의자들이 자본주의가 추구하고 있는 자기 파멸을 보도록 우리의 눈을 열어주었다고 벤야민은 주장한다. 자본주의가 벌이고 있는 모든 일에서는 (끝이) 가시화되기도 전에 벌써 그 끝이 예고된다.

벤야민에 의하면 자본주의는 새로운 꿈의 수면(Traumschlaf)을 동반한 채 유럽에 다가온 하나의 자연 현상이다. 그러나 이 꿈의 수면은 자신의 파멸을 낳을 신화적 힘을 회생시킨다(V 494).

벤야민은 꿈에서 깨어남의 이미지 속에서 재앙에 대한 예고를 파악한다. 그리하여 그는 미슐레의 소신 "모든 시대는 다음 시대를 꿈꾼다"(Chaque époque rêve la suivante)를 생산과 사회적 유토피아 간의 연관을 설명하는 머리말로 삼는다(V 46). 벤야민에 의하면 시대들은 꿈을 꿀 때 과거를 인용한다. 19세기는 고전적인 고대를 꿈꾸며, 파리는 또 다른 세계의 수도 로마를 꿈꾼다.

스스로 자멸의 씨앗을 내재하고 있는 의식의 은폐(잠)와 같은 신화와 자본주의 간의 동일시는 불안정하면서도 화해할 수 없는 통일을 이루고 있는 알레고리 형식 내의 반립들을 보여준다. 우리는 가장 이질적인 시간 요소들이 대결하는 예를 도시에서 만날 수 있게 된다. "도시에 들어온 자는 자신이 꿈의 그물망 안에, 아득히 먼 과거에 있었던 사건이 오늘 발생한 사건에 병합하는 꿈의 그물망에 들어온 것처럼 느낀다"(V 546). 이 가장 이질적이고 반목적인 요소들의 성좌는 꿈꾸기와 깨어나기의 동시성이 지닌 특성을 보여주며, 그 모든 애매성(모호성)을 통해 회랑 상가의 본질을 보여준다.

이런 의미에서 회랑 상가는 앞서 언급했던 애매성에 관하여 상술하고 있다. 회랑 상가는 교량이거나 통로일 뿐만 아니라 내부이기도 하다. 회랑 상가는 사람들을 불러들여 배회하게 한다. 벤야민은 《파사주》의 여러 곳에서, 특히 편집물 1에서 거실 내부에 대한 점증하는 관심과 회랑 상가의 생성 간의 연관성을 지적하고 있다. 그의 견해에 따르면 모든 것을 상자 속에 진열하는 방식은 인간 자신이 들어앉을 상자로서의 아파트를 지각하는 것과 무관하지 않다. 커틴스(E. R. Curtins)는 아파트들이 점점 작아지고 있는 것과, 더욱더 많은 시간을 거리에서 보내고 있는 경향 간의 관계를 지적한 바 있다. 그러나 이 경우에도 회랑 상가는 인간들을 포장하는 기능을 담당한다. 개별 인간들이 수집상의 품목들인 양 회랑 상가 속에 저장되는 것이다. 수집상은 그의 수집 품목들로부터 상품으로서의 본성을 빼앗아 가버린다. 이 개별자들은 살아 움직이는 순환 관계로부터 억지로 떨어져나가, 말하자면 살해되어 고요한 생명 즉 죽은 자연(nature morte)이 된다. 또한 이런 이유로 해서 회랑 상가는 권태, 심하게는 우울증의 상징이 된다. 이 상가 안에서는 시간이 정지한다. 통행인들은 문턱에 들어서자마자 굳어버린다. 회랑 상가는 바로 문지방이다. 그것은 하나의 변환이자 정지이다. 벤야민의 정지 상태하의 변증법 개념은 상가에서 명백해진다. 이 정지는 목표의 달성과 혼동되어서는 안 된다. 운동은 계속된다 그러나 제자리에서의 운동이다. 상가(Passage)는 영원한 통로(Passage)가 된다.

벤야민이 강조하는 상가, 즉 "창 없는 세계" 내에 머무는 것의 멜랑콜리적 모습은 다시 한 번 바로크 시대와 현대 간의 연관성을 두드러지게 보여준다. 그때나 지금이나 구원에 대한 소망은 무익하나, 그럼에도 불구하고 바로크 시대 사람들이 희망을 포기할 수 없었듯이 우리도 포기할 수 없다. 역사철학에 대한 벤야민의 성찰은 결국 블랑키(Blanqui)의 《별을 통해 영원으로》(L'éternité par les astres)에서 벗어나 있지 않다. 블랑키의 "영원"은 유행 현상과 크게 다르지 않다. 유행은 늘 무언가 새로운 것이 존재한다는 것을 암시한다. 그런데도 그것은 사실상 동일한 것의 영원한 회귀를 축하하고 있을 뿐이다. "중요한 점은 바로 가장 새롭다고 하는 것 속에서도 아무것도 변화하지 않는다는 것이며, 이 최신의 것은 항상 모든 면에 있어서 동일한 채로 있다는 점이다. 바로 이 것이 지옥의 영원성과 새것에 대한 사디스트들의 욕망을 구성한 다"(V 1011). 유행의 노예가 되는 것은 "영원한 형벌"이며, 따라서 현대는 지옥의 시대인 것이다(V 1010 이하). 자본주의 내에 나타나고 있는 과정은 역사의 (마술 환등 같은) 환각이라고 이해해야 할 것이다. "각 시대는 꿈속에서 자신 앞에 이미지의 형식으로 나타나고 있는 후속자를 보게 되는데, 이 꿈속에서 후속자는 원초적 역사의 요소 즉 계급 없는 사회의 요소와 결혼한 채로 나타난다"(V 47). 원사(原史, Urgeschichte)는 자신을 늘 가장 현대적 형식의 옷으로 새롭게 가장한다. 그러나 그럼에도 불구하고 영원한 회귀는 "원사적·신화적 의식의 근본 형식이다." 그것은 성찰되지 않았다는 점에서 신화적인 것이다(V 177).

영원한 회귀는 어떤 선도 약속하지 않는다. 역사철학에 관한 명제에 등장하는 천사는 이 영원한 회귀가 가져온 것들을 응시한다. 천사는 벌린 입을 다물지 못한 채, 인간들이 역사 속에 남겨놓은 파편더미를 응시하는 것이다. 벤야민이 역사의 천사라고 부르는 이 천사는 죽은 자에게 다시 생명을 가져다주면서 깨어진 파편들을 다시 온전하게 결합시키고자 한다. 그러나 우리가 진보라 부르는 폭풍은 미래를 향해 그 천사가 뒷걸음질치도록 무자비하게 밀어붙인다. 파편더미가 쌓일수록 진보는 그 구원의 천사를 무력하게 만들고 만다.

우리는 벤야민에게서, 열차의 제어 장치처럼 그리고 정지하여 서 있기를 원하는 역사의 천사처럼 멈추어 서지 않으면 안 될 진

보의 상(像)을 되풀이하여 발견하게 된다. 벤야민에게 정지의 순
간은 지속적 운동의 끝을 의미하는 게 아니라 질적으로 다른 순
간을 의미한다. 운동의 관점에서 본 정지와는 다른 것이다. 현 조
건의 지속적 진화에 가속도가 붙도록 방치하는 한, 인류의 구원은
상상도 할 수 없을 뿐더러 성취될 수도 없다. 이 진행으로부터 뛰
어내림으로써만 우리는 구원될 수 있다. 또한 이 진행의 정지나
근본적 변화는 현존하는 반립들에 대한 우리 인식의 질을 변화시
킨다. 벤야민이 혁명 개념과 결부시키고 있는 메시아적 요소는 유
물론적 용어로 인식되며, 유물론적 요소는 다시 메시아적 용어로
인식된다.

　파괴의 잔해를 다루는《독일 비극의 기원》의 한 장에서(I 353~
358) 벤야민은 미로에 관한 주제와 폐허에 관한 주제를 혼합하고
있다. 바로크 예술은 고대의 폐허에 매료된다. 그러나 이것은 무
상의 순간에 몰두하여 향수에 젖는다는 의미에서가 아니라, 파편
을 전체의 필수적 반립으로 본다는 의미에서 그러하다. 여기에서
도 역시 극단들은 상호 보완하고 상호 침투한다. 전체를 지향하면
서 동시에 "자연의 안면에 과거라는 서명"(I 353)을 각인하는 파
편이야말로 "바로크 예술 창조의 가장 고상한 주제"(I 354)인 것
이다.

　벤야민의 "현대"는 자신 안에 자기 파괴의 씨앗을 지니고 있다.
이것은 비록 미래와 관련된 기대로 이해될 수 있는 것은 아닐지
라도, 재앙이라는 관점에서 인식된다. 자주 인용되고 있는 구절인
"그저 계속해서 나아가고만 있다는 것은 그 자체가 재앙이다"
(Daß es so weiter geht, ist die Katastrophe)라는 구절에서는 어떤
미래가 예견되는 게 아니라, 오히려 현재적 사건들이 재앙으로 해

석된다.

벤야민의 견해에 따르면, 그런데도 우리는 있을 수 있는 미래의 구원을 향하여 정향되어 있다. 《햄릿》(*Hamlet*)에 등장하는 셰익스피어의 말에 귀기울여봄직하다. "준비하는 것이야말로 모든 것이다."

19세기 중엽 이래 파리와 그 밖의 도시에서 벌어지고 있었던 세계 박람회는 산업 생산에 의해서 가능해진 소비재들의 다양한 범위를 개관할 수 있게 한다. 그러나 동시에 이들 박람회는 대다수의 노동자들이 이 상품들을 결코 즐길 수 없었음을 보여준다. 이 점이 드러나고 나면 제2의 진리가 나타난다. "사물의 세계 그 자체만큼 사물을 평가 절하하는 것은 없다." 상품이 사용 가치가 아니라 교환 가치를 의미하는 세계 말이다(I 660). "사물 세계에서의 상품(의 가치 절하)은 알레고리에서의 사물 세계의 가치 절하를 능가한다"(I 660). 벤야민의 "변증법적 이미지"와 "정지 상태의 변증법"은 역사 속에 있는, 그리고 오늘날에 대한 역사의 관계 속에 있는 반목적 계기들의 성좌를 표상하고 있다. "이제까지 있었던 것들은 지금과 함께, 전광석화처럼 성좌 속으로 결합한다"(V 576).

여기에서 언급된 지금(Nu)은 원사를 가장 현실적 사건들로(das Aktuellste) 인용한다. 즉 언제나 인간을 눈멀게 해왔던 고대의 신화를 오늘날 우리의 눈을 멀게 하고 있는 상품 세계의 언어로 인용하는 것이다. 불가사의한 자연으로서의 신화가 이제 실로 세속화되었으나 여전히 효력을 유지하고 있는 것이다. 백화점과 회랑 상가는 이러한 상품의 세속적 제례 의식의 성전이다. 매춘부들이 어슬렁거리는 회랑 상가는 요술 동굴처럼 번쩍인다. 현대판 오디세우스처럼 상가 안으로 뛰어든 사나이는 한편으로는 가스등의 사이렌 요정들의 노래에 현혹되고, 다른 한편으로는 여자 노예들의 노래에 현혹당한다(V 700). 그러나 오디세우스의 옛 행로는 이제 상점 거리로 전락했으며, 요정들은 매춘부들로 타락해 버렸다.

부르주아들의 다른 모든 기념비들처럼 회랑 상가도—자본주의 법칙에 따라—그 퇴락이 가시화되기도 전에 구식 폐허가 되어버렸다. 현대 전체가 그러하듯이 회랑 상가도 자체 내에 자기 평가 절하의 씨앗을 지니고 있다.

벤야민의 견해에 따르면, 19세기에 발생한 퇴락의 과정을 가장 명확히 폭로한 사람은 보들레르이다. 그는 비관주의자가 아니라 가장 뛰어난 알레고리적 예술가이다. "자신의 손에 들려진 파편 조각을 놀라움으로 응시하며 우수에 잠긴 자는 알레고리 작가가 된다. 그는 본래적 의미의 우울병자(Melancholiker)이다. 그는 사물들을 그들의 배경 연관으로부터 끄집어내어 의미를 부여한다. 그는 알레고리야말로 신화의 해독제임을 보여주는 자이다"(I 677).

우리들은 현상 자체에 의해 고무될 때 현대 신화의 자기 파괴에 대한 통찰을 얻게 된다. 벤야민은 이를 "세속적 계몽"이라고 부른다. 《파사주》의 첫번째 명제(Exposé)를 쓸 무렵 그는 여전히 인류가 잠에서 깨어날 수 있으리라고 생각했다. 그러나 그의 두 번째 명제에서는 그의 관점에 어두운 그림자가 드리워져 있다. 그는 시대와 인류의 하나의 성난(böse) 각성을 예견하고 있다.

동시에 벤야민은 신화의 주술을 깨뜨리려는 생각에 집착한다. "과거의 관계를 변증법적으로 꿰뚫어보고 그려내는 일은 현재적 행동의 진리이다"(V 1026 이하). 이것은 혁명의 전제 조건이 프롤레타리아가 의식을 획득하는 것임을 의미한다. 벤야민이 블랑키에게서 배운 것은 "인류가 자신 안에 마술 환등을 지니고 있는 한, 인류는 신화적 공포에 사로잡히게 될 것이다"라는 점이다(V 1256).

제5장 역사적 인식의 논리

벤야민의 역사 개념은 20세기의 지적 내전 중에 형성된 것이다. 그는 하이데거를 실존주의적·반동주의의 분기(分岐)로 보는 반면, 초월주의를 "새로운 역사적 사유"가 당도한 허무주의적·혁명적 분기로 본다. 벤야민의 원리는 "보다 높은 구체성, 퇴락한 시대의 구원, 그리고 시대 구분의 재설정"이다(V 676). 이하에서 우리는 벤야민에게서 역사 인식 논리의 연원을 찾으려 하는데, 이것은 역사에 대한 벤야민의 입장을 모든 정신사적, "오성적", 역사주의적(historistischen)[1) 처리 방식들과 엄격히 구분짓기 위함이다. 이 논리는 구성적으로 전개되는 것이며, 그 방법론적 열쇠는 불연속성 개념 속에 있다. 이 논리는 인식의 가능성과 역사 과정으로의 침착한(geistesgegenwärtig) 개입, 즉 정치를 연관짓는다.

시대 정신이 결코 정신의 자기 자신에 대한 신념 따위일 수가

---

1) 카를 포퍼의 "역사주의"(Historizismus)와는 구별되는 "전통적 역사주의"로서 개별성, 연관성, 발달(발전이 아님), 이해(verstehen) 등을 특징적으로 주장한다 — 옮긴이 주.

없음을 깨달은 사람은 헤겔이었다. 그리고 벤야민은 이로부터 (현재의) 주도적인 역사 개념들이 분쇄되지 않으면 안 된다는 결론에 도달한다. 전통적인 역사 개념들은 마치 만화경의 거울과 같은 역할을 하여, "한 번 돌 때마다 기존의 질서들은 새로운 질서로 붕괴되고 만다"(V 428). 그러나 이들 개념이 안정적 지배를 행사할 때, 이는 단지 질서의 허상을 만들어내고 있는 것일 뿐이어서 그 지배 자체는 하나의 환상이다. 그래서 벤야민은 일반적으로 자신의 역사적 인식의 논리를 역사주의(Historismus)에 대한 비판이라는 형식으로 정형화한다.

대도시의 대중들은 20세기에 있어 모든 세계 인식의 모체는 바로 자기 자신들이라고 주장한다. 프로이트는 자아의 분석이라는 간명한 형식 속에 대중심리학을 정초시킬 수 있으리라고 믿었던 것에 반해, 브레히트는 자신의 교육적 연극을 통해 대중의 소박한 형식의 정신 상태를 탐구했다. 사람들이 조야한 사유 방식을 배워야 한다는 그의 주장은 널리 알려져 있다. 벤야민은 이 주장의 변증법적 전도를 주장하는 차원에서 그 주장을 따르고 있다. 즉 현대 대중의 소박한 정신 형식에 대한 연구로부터 그는 조야한 사유와 변증법 간의 변증법을 개발한다. "조야한 사유들은 참으로 변증법적 사유의 가계에 속한다. 왜냐하면 그것들은 실천에 관한 이론 교육을 나타내고 있기 때문이다"(III 446). 관념이 대중과 연합하는 것은 지적 투명성을 통해서가 아니라, 모범적 이미지를 통해서이다. 조야한 사유를 배운 자는 물론 조야하게 사고하지 않는다. 그는 조야한 사유 속에서 변증법을 전개해 내는 것이다. "대중의 이미지 보고(寶庫)에 통행세를 지불하지 않는 자는 반드시 실패하고야 만다"(IV 349). 충격과 이미지는 관념과 대중 사이를 연결하는 신속한 중재자이다.

벤야민의 지성적 정치 이론은 충고 따위를 교시하는(belehren) 게 아니라 교육하는 것(bilden)을 목표로 한다. 꼴을 만들어주는 게(formieren) 아니라 조직하는 것(organisieren)을 목표로 한다. 그래서 그의 정치 이론은 우리에게 상처를 가져다주는 일상 생활의 에너지들을 이미지를 통해 통제하려 한다. 왜냐하면 대중은 "오직 사적 경험을 내적으로 각인시키는 작은 충격들을 통해서만 지식을 흡수하기 때문이다. 그들의 교육은 일련의 재앙인 셈이다"(IV 528). 재앙으로서의 대중 교육(Massenbildung)은 이중적 의미를 지니고 있다. 우선적으로 그것은 대중을 형성하는 재앙적 과정이고, 다른 하나는 대중의 성격을 규정하는 충격적 형식의 지식 습득이다.

이러한 과업을 생생히 그려내 보이기 위하여 벤야민이 되풀이해서 사용하고 있는 기본적 은유는 꿈과 깨어남의 은유이다. 도대체 어떻게 해서 깨어 있는 삶이 꿈 이미지의 에너지에 접근할 수 있는가? 벤야민은 자신을 역사에 대한 정치적 꿈 해몽가로 자처한다. 그는 정신 분석적 성과를 역사 인식의 논리로 다시 차용하고 있다. 이런 관점에서 볼 때, 그의 《파사주》는 19세기의 원사(原史)를 요약하는 것이다. 이는 마치 꿈을 꾸고 있는 자본주의가 자신의 전사(前史)로부터 깨어나기를 기다리고 있는 것과 같다. 과거를 이제 막 꿈에서 깨어난 자에게 일어난 생각(기억)으로 이해하는 것이 이 개념의 핵심이다. 깨어남과 동시에 갖는 기억이야말로 "우리에게 이제 막 일어났던 일"이 하나의 사실이었음을 확인시켜 준다. 그래서 기억한다는 것은 실제로 깨어날 때 우리에게 일어나는 생각이다. 따라서 "깨어 있는 세계로서의 현재"를 경험하는 것은 우리가 "조금 전까지 있었던 일"이라고 부르는 꿈으로부터의 깨어남을 의미한다. 벤야민에 의하면 이 같은 간명한 의미에서 19세기는 시간의 공간이자 시간의 꿈(Zeit(t)raum)이다. 그의 《파사주》는 잠들어 있는, 그리하여 자신의 감정을 유행·광고·건축물 등과 같은 꿈 언어를 통해 암호로 표현하고 있는 대중의 신체적·내적 세계를 관통하는 여행이다. 정치적 꿈 해석은 이처럼 "잠과 깨어남에 의해 복합적으로 틀과 무늬가 짜여진 조건"(V 491 이하)으로부터 시작된다. 그리하여 벤야민에게 있어 현대성이란 단지 역사적으로 눈먼 꿈의 형식으로 나타나는 시간일 뿐이다.

여기에서 꿈꾸고 있는 대중은 곧 부르주아 계급이라는 점을 눈여겨 보아야 할 것이다. 벤야민은 원사의 경험이 그들의 무의식 속에 묻혀 있으며, 뭔가 새로운 것을 기대하는 환상적 형식은 이 경험으로부터 생겨난다고 믿는다. 집단적 꿈(이라 할 수 있는 이것)에 대한 해석 과정에서 벤야민은 성서의 알레고리적 주석으로부터 발전되어 온 기술들을 원용한다. 세계를 꿈의 형식으로 해체하는(in der traumhaften Entstaltung der Welt) 과정에서 그는 "천년 왕국의 이미지"(III 417)를 찾고 있는 것이다. 이 꿈의 주체는 더 이상 프로이트의 경우처럼 개별 인간이 아니다. 오히려 벤야민이 관심을 두는 것은 사회의 자기 표상이 드러나는 (마르크스의) "사물에 관한 꿈"(Traum von einer Sache)이다. 그것이 꿈으로 나타나야 한다면 그 꿈은 악몽으로 마비되어 나타날 것이다. 그러나 반면에 꿈을 꾸지 않고 깨어 있는 불변의 세계 역시 마비되어 있기는 마찬가지이다. 그렇기 때문에 벤야민은 꿈이 지니고 있는 엄청난 주의 집중력(Aufmerksamkeit)을 깨어 있는 삶 속으로 끌어내려고 애쓴다. "왜냐하면 꿈속에서 우리에게 일어나는 것들은 스스로 습성의 내부에서 떨어져 나온 전대미문의 새로운 깨달음이기 때문이다"(IV 408).

벤야민에게 꿈 해석은 꿈의 역사적 조명을 의미한다. 역사성이 꿈을 필요로 하는 까닭은 꿈의 에너지만이 지난 과거에 집중적으로 침투해 들어갈 수 있기 때문이다. 꿈이 프로이트에게서처럼 자신을 자연적 형식으로 위장하고, 그리하여 역사 내에서의 자신의 몫을 거부하는 것이라면, 꿈이야말로 역사적 해석을 필요로 하는 것이다. 이처럼 꿈은 해석됨으로써 세계에 대한 우리의 역사적 지각의 리듬을 마치 과거가 우리 눈앞에서 벌어지고 있는 것처럼 바꾸어놓지 않으면 안 된다. 참된 경험은 무언가 충격적인 특징을 지니고 있다. 그러나 역사적으로 해석된 꿈 이미지에 의해 당혹해하는 자에게 더 이상 어떤 것도 "영구적"일 수 없다.

벤야민은 꿈을 과거의 "필름"이 몹시 축약된 채 줄달음질쳐 가고 있는 하나의 집단적 기억 형식으로 이해한다. 그의 사적 유물론은 이러한 역사적 이미지에 대한 정치적 꿈 해석일 뿐이다. 그러나 역사적 인식 대상을 구성하는 개념들은 과거 자체에 대한 꿈으로부터 도출될 수 없다. 꿈에서 깨어나는 결정적인 한계 경험(Schwellenerfahrung des Erwachens)은 꿈을 깨어 있는 삶 속에 낭만적으로 보존하는 게 아니라 정복해 버린다. 자본주의로 불리는 한 시대가 여전히 꿈을 꾸고 있는 중이라면, 역사를 위해서라도 정치는 역사에 대한 자신의 우위를 주장하지 않으면 안 된다. 벤야민의 정치적 꿈 해석은 꿈의 흐름을 중단시키고 그것을 독해할 수 있도록 한다. 다시 말해 현재와 연관될 수 있도록 한다.

지그프리트 기디온(Sigfried Giedion)은 19세기의 건물 내부와 박람회와 박물관 등의 특징을 묘사하기 위해 "역사화의 가면" (historisierenden Maske)이라는 신조어를 만들어냈다. 부르주아들은 이 가면 뒤에서 자본주의의 곤한 잠에 빠져 꿈속을 헤맨다. 그들의 "과거에 대한 갈망"(V 513)이 《파사주》의 중심 주제이다. 역사주의에 있어 역사(Geschichte)는 부르주아들에게 시간 속의 익명을 제공하는 한낱 이야기들(Geschichten)로 해체되어 버린다. 사가는 과거를 술회하는 데 그침으로써, 과거가 이제껏 있어온 일로서(als Gewesenes) 생생히 묘사될 가능성을 봉쇄해 버린다. 그에게 현실성(Aktualität)[2]이란 개념은 없다. 따라서 역사주의자에게 과거는 현재와의 비판적 관계 속으로 들어올 수가 없는 것이다. 이와 반대로 벤야민에게 있어 참된 역사적 경험은 더 이상 서사적인 형식의 순환 속으로 빠져들지 않는다. 역사적 인식에 관한 그의 논리는 역사의 서사적 요소(전통)와 진리의 서사적 계기(지혜) 모두를 드러낸다. 왜냐하면 전근대에까지만 해도 현명한 조언을 해주기로 약속했던 "옛적에 있었던 일"(Es war einmal)이 이제 학문적 자기 마비의 수단으로 전락해 버린 지 오래이기 때문이다. 현대 속에서는, 또는 현대에 관해서는, 어떤 계몽적 이야기(Geschichten)도 들을 수 없게 되었다.

"역사는 이야기들로 해체되는 게 아니라 이미지들 속으로 해체되는 것이다"(V 596). 그들(이미지들)은 가시권 속으로 빛을 발산할 때에만 인지될 수 있다. 그러므로 역사의 참된 상(像)은 늘 회복 불가능하게 사라져갈 위험에 처하며, 무심한 사유에게는 그 모습을 드러내지 않은 채 "지나가버린다." 벤야민은 우리가 이들을

---

2) 현재와의 관련성을 의미한다—옮긴이 주.

구성적으로 "포착"해야 한다고 되풀이하여 강조한다. 역사적 인식
에 관한 그의 논리는 역사주의적 깊은 잠으로부터의 혁명적 각성
에 관해 논증한다. 그러므로 그가 역사주의를 잠에서 깨어나게 하
려 하는 한, 그의 목적은 역사주의의 극복에 있는 셈이다. 왜냐하
면 니체의 후기 작품들과 초현실주의가 보여주었던 것처럼 분명
히 이 역사적 가면의 혁명적 사용이 가능하기 때문이다. 그리하여
벤야민은 "중독성을 지닌 역사주의와 그의 가면에의 집착 속에
서… 참된 역사적 실존의 신호를"(V 493) 들으려 한다. 이런 이유
로 그는 역사가의 전통적 태도를 초현실주의적인 태도로 대체한
것이다.

　우리와 관련된 것은 무엇인가? 벤야민은 이 질문으로 19세기와
의 밀접한 관계를 정립하려 한다. 이제 불가능해진 전통적 매개는
"다음에 올 것에 대한 유물론적 의식"에 의해 대체된다(V 998).
진정한 사가들은 잊혀진 것들에 압도되어 지난 일들을 현재인 양
생생히 묘사해 놓는다. "우리가 우리 자신을 그들 속에 놓아보는
것이 아니라, 그들 자신이 우리의 삶 속으로 들어오는 것이다"(V
273). 그들은 마치 현상과도 같은 것이다. 그리하여 벤야민은 그
들을 자기 자신의 시대 속에서 인용한다. 그의 목표는 과거의 "제2
현재화"(zweite Gegenwart, II 331)이다.

　참된 역사적 경험은 과거라는 꿈의 지각(Traum-wahrnehmung)
과 각성된 현재의 통일, 그것도 각성의 순간에서의 통일이다. 그
러나 이와 대조적으로 역사주의의 꿈에는 경험의 통일이 존재하
지 않는다. 왜냐하면 그 꿈은 자아를 빼놓은 모든 것을 기억할 뿐
이기 때문이다. 잠으로부터의 깨어남만이 기억의 통일을 가져온
다. 따라서 "정치학은 역사에 대해 우위권을 가지고 있다"(V

1057). 이러한 반성을 올바로 이해하기 위해서는 얼핏 보아도 자명한 것임을 알 수 있는 것, 즉 역사 개념의 모호성을 기억하는 것이 유용하다. 역사 개념은 과거의 사건들을 지칭하지만 동시에 그 사건들을 이해하는 (사람들에 의한 사건의) 표상도 지칭하고 있다. 벤야민은 분명히 이러한 모호성의 이성적 핵심을 드러내려 하고 있다. 그러므로 이것은 역사 개념의 모호성을 역사 인식의 변증법으로 극단화시키는 것을 의미한다. 그리하여 그는 "역사 개념에 관한" 명제 12에서 다음과 같이 적고 있다. "역사적 인식의 주체는 바로 투쟁하는 피억압 계급이다"(I 700). 따라서 역사 인식은 혁명적 정치학과 분리될 수 없다. 역사는 명상의 대상이 아니라 구성의 대상이다. 이러한 구성적 접근 속에서 사가는 정치학의 우위론을 되새기는 것이다. 정치학이란 역사의 무대에 등장하는 정신의 현존(Geistesgegenwart)인 것이다.

역사의 인식 가능성은 비판적 순간, 즉 상황이 역사 주체에 대하여 비판적으로 되는 위험의 순간에 의존한다. 이러한 이유로 벤야민은 역사 인식의 논리에 관한 의미심장한 구절에서 두 번에 걸쳐 "역사의 연속성의 분쇄"에 관하여 논하고 있다. 한 번은 혁명 계급이 "행동하는 순간에 가지는 의식"을 기술하고, 다른 한 번은 인식에 대해 참된 사가가 가지는 태도의 특징을 규정한다(I 701 이하). 꿈 이미지를 꿈에서 깨어나는 순간에 적용하는 것은 벤야민의 변증법의 원형적인 모형이다. 그리하여 현대의 절대적 은유는 그의 19세기 원사의 중심에 자리한다. 자본주의는 객관적인 마술적 환각이며, 선행하는 역사로부터 깨어나기를 기다리는 꿈인 것이다. 이러한 개념과 융(Jung)이나 클라게(Klage)의 원형론과의 차이는 깨어나는 순간에 나타난다. 현대에 대한 벤야민의 은유와 마르크스의 상품의 물신성에 관한 분석 간의 차이는 기다리는 순간에 확인된다. 왜냐하면 기다림은 정치적·신학적 개념으로서 구원의 기다림을 의미하기 때문이다. 유대인에게 이 세계는 더 이상 진화를 기다릴 필요가 없는 세상이다. 이미 그 목적에 도달해 있는 것이다. 기다림과 깨어남의 관계는 소망과 구원의 관계와 같은 것이다.

어쩌면 기다림이야말로 역사적 시간에 대한 "초현실주의적" 지각이며, 소여의 진부성이 대망의 대상에 담긴 이미지에 의해 가려져버리는(überblenden) 이른바 "시간의 봇둑"(시간의 충만, Zeitstau)인 것이다. 이 시간의 충만은 경이를 불러일으킨다. 이것은 벤야민이 "정지 상태의 변증법"(Dialektik im Stillstand)이라고 부르는 사고 유형으로 설명된다. 이 사고 유형은 시간의 축적과 시간의 정지를 개념적으로 결합하여 함께 사고한다. 시간의 흐름은 실제적으로 어느 한순간에 역사적 시간을 이미지 공간 속에 쌓는다. 이 시간의 축적은 지금이라고 하는 엄격한 동시적 이미지에 의해 채워진다. 상응의 총체(ein Inbegriff von Korrespondenz)라고 할 이 역사의 충만은 정확히 전개 과정의 극단에서 가시화된다. 여기에서 역사 인식에 관한 벤야민의 논리는 예술사가 알로아 리글(Alois Riegl)의 통찰에 따르고 있다. 극단적 사례들에 의한 역사 연구(Grenzfallhistorik)라고 부를 수 있는 이 접근법은 그 필연 개념을 역사의 진로에서가 아니라 극단에서 찾는다.

중요한 것은 참된 역사적 대상이라고 할 수 있는 과거가 "자신의 당시적 실존에서부터 현재적 실존(깨어 있는 상태)이라는 한층 높은 차원의 응결을 향해 움직여왔다"는 점이다. 이러한 사유를 그 자체의 논리를 따라 이해하기 위해서는 프로이트의 통찰을

기억하는 것이 유용할 것이다. 그는 실제적 경험과 그것의 기억이
전도되어 있는 관계를 억압의 심리적 요건으로 본다. 이것은 원상
(原傷)이 추후에, 비록 무의식의 차원에서이긴 하지만, 실제의 경
험과 동일한 효과를 가진다는 것을 의미한다. 이와 똑같은 일이
사물의 역사적 세계에 대한 벤야민의 정신분석학에서도 발생한
다. 즉 기억 속에 변증법적으로 각인된 사건의 현실성은 그 사건
이 실제로 일어났던 당시보다 더 큰 것이다. "사건이 자신을 보다
높은 현실성으로 드러내는 방식은 그 사건이 (어떤) 이미지로
(그리고 어떤 이미지 안에서) 이해되고 있는가에 따라 창조된다"
(V 495).

이러한 이론적 장치를 사용하여 벤야민은 19세기를 자신의 현
재에 대한 최근 과거(Jüngstvergangen)로 여기며 전자에 대한 재평
가 작업에 착수한다. 그리하여 그의 구성적 역사 쓰기는 "새 과
거"를 목표로 삼는다. 파리에서 그의 시야에 모습을 드러내고 있
는 것들은 실제로 존재하지 않았던 것들이다. "해골이 살아 있지
않았던 것처럼, 그 모든 것들도 살아 있지 않았던 것들이다. 단지
인간만이 살아 있었다"(V 1000). 역사 인식의 논리는 일어나지 않
았던 것들(das Nichtgeschehene)을 역사의 잠재성(Virtualität) 속의
이미지로 발견해 낸다. 그러므로 벤야민의 관심은 역사적 사실성
에 있는 것이 아니라 있을 수 있었던 것들(가능성)의 힘에 있다.
그러나 이 힘은 하이데거의 경우처럼 "이해적 반복"(verstehender
Wiederholung)을 통해 자신을 드러내는 것이 아니라 인용적 파괴
(zitierender Zerstörung)를 통해 드러낸다. 왜냐하면 벤야민에게 있
어서 과거의 현실성3)은 단절의 힘이기 때문이다.

이러한 역사적 인식의 논리에서는 "변증법적 이미지"가 관념을

대체한다. 왜냐하면 벤야민은 인식과 진리 간에 놓인 옛 관념론적
심연을 자신의 관념에 관한 유물론적 교설로써(sit veniat verbo)
다리 놓으려 하기 때문이다. 따라서 진리에 관한 역사적 인식은
오직 "찰나 이미지의 형성"(Konfiguration eines schnellen Bildes)
속에서만 주어진다(V 1034). 우리의 인식이 역사적으로 진리 담
지력(historisch wahrheitsfähig)을 가지게 하는 것은 바로 역사의
위험과 그 이미지의 일시성이다.

　변증법적 이미지라는 개념은 유물론자들을 그들의 역사주의적
잠에서 깨어나게 하는 (다음과 같은) 질문에 대한 대답으로 제시
된다. 현재는 어떻게 역사적으로 표상될 대상들 안에 존재하는가?
과거나 미래가 아닌 오직 지금(Jetzt)에서만 알 수 있는 것은 무엇
인가? 이 인지 가능성의 지금은 바로 정확하게 이해된 오늘에 의
해 규정된다. 그것은 역사의 이미지를 시간화(시간 속에 고정)한
다(verzeitlichen). 이 과정에서 그것은 명상의 역사적 속박을 분쇄
한다. 그러나 이 말이 변증법적 이미지가 현재와 과거(Vergangen-
heit) 사이의 어떤 시간적 관계를 정립한다는 것을 의미하는 것은
아니다. 오히려 그것은 현재와 이제까지 있어온 것(Gewesen) 사
이에 변증법적 방식으로써 비약적인(sprunghaft) 관계를 창조한다.
이 변증법적 이미지는 시간 속의 어느 한 비판적 시점에서만 참
으로 역사적으로 된다.

　"이미지들의 역사적 목록"(V 577)은 그 기원의 시점에 의해서
뿐만 아니라 그것들의 독해 가능성에 의해서 정의된다. 왜냐하면
그 목록은 어떤 순간에 읽혀지기 때문이며, 그 순간이란 것은 실

---

3) 현재적 관련성―옮긴이 주.

제적 시간의 최소 구조로서 변증법적 이미지의 최소 구조이기 때문이다. 벤야민이 말하는 참된 사가는 이미지들을 독해하는 데 따르는 위험에 대결하는 이 순간을 위해 태어난 자이다. 이에 비해 모든 "이해"(Verstehen)라는 것은 단지 태만, 즉 역사적 이미지를 정신을 집중하여 평가하지 않는 행위일 뿐이다. 역사적 성좌에 대한 명상적 해석이라는 독해는 늘 그것의 이용이 부재했음을 보여준다. 언제나 "만시지탄"(晩時之歎)의 상처만이 해석적 독해의 대상이었던 것이다.

순간에서 독해되는 이미지는 벤야민에게 있어 역사적 경험의 총괄 개념이다. 이 이미지는 역사의 하늘에 뜬 별자리같이 전광석화처럼 파악된다. 이러한 독해가 위험한 까닭은 그것이 인식을 앞지르는 행위이기 때문이다. "왜냐하면 이 위험의 순간에 우리의 몸은 머리와 무관하게 사물과 더불어 실제로 의사 소통을 하고 있기 때문이다"(IV 776). 그러므로 이것은 정신 기능을 교육하는 것이 아니라 정신의 현존을 시험하는 것이다. 왜냐하면 벤야민은 정신을 엄격히 상황과 신체에 결합되어 있는 존재로 인식하고 있기 때문이다. 정신은 신체로부터 현존과 처소를 할당받기(anweisen) 때문이다. "정신의 현존과 변증법적 유물론의 '방법'의 관계가 정립되지 않으면 안 된다. (왜냐하면…) 변증론자들에게 있어 역사란, 자신들이 역사의 발전을 따른다고 생각하면 늘 회피할 태세를 취하게 될 위험들의 성좌 이외엔 아무것도 아니기 때문이다"(V 586 이하).

역사 인식에 관한 벤야민의 논리가 역사철학 안에 어떤 관점들을 열어놓을 때, 그것들은 으레 구체적인 사실에 관한 주석으로 통합된다. 구체적 응결체야말로 그의 역사적 구성에 있어 가장 중요한 준거인 것이다. 그래서 그것의 (역사적 구성의) 매개는 중심부의 사건들 혹은 국가적 사건들의 역사가 아니다. 벤야민은 오히려 "역사의 이미지를 가장 보잘것없는 모습으로 정착된 인간 실존, 말하자면 실존의 폐물 속으로 고정시키고자"(Br 685) 한다. 실제로 프로이트의 정신분석학은 "그림 맞추기와 같은 무의미한 꼴들을 해독하라"고 가르쳐왔다. 벤야민은 이제 이 과정을 사물의 세계에 옮겨놓는다. "우리는 원사의 정글 속에서 대상들의 토템나무를 찾고 있다"(V 281). 이 토템 나무를 논할 때 (주목할) 한 가지 특징은 정신 분석자가 질문을 통해 망각의 물질 뒤안길을 뒤지는(것과 같은) 원사적 시간 측정법이다. 이 망각의 물질은 "자질구레한 것들의 지옥"(Hölle des Details)에나 있을 사물들을 분석할 때 그 모습을 드러낸다. 그러나 영사기의 눈만이 그것에 대한 정확한 시력(통찰)을 가진다. 벤야민에 의하면 그 까닭은 영화야말로 사물 분석의 원동력이기 때문이다. 영화는 우리 시각 세계의 지각을 심화시켜 왔고, "광학적 무의식"(Optisch-Unbewußte)의 세계를 정복하였다. 혹자는 일상 생활의 탈일상화(Ent-üblichung)에 관해 논할 수도 있을 것이다. 왜냐하면 영화는 우리의 자연적인 시야에서 도망치는 광학적 무의식을, 마치 일상 생활에 관한 정신 분석이 프로이트적 실언들을 통해 무의식적 소원을 표현해 내듯이, 놀랍게 표현해 내기 때문이다. 이 세계는 조율 렌즈, 고속 촬영기, 저속 촬영기 등에 의해 "전혀 새로운 구조적 형식의 주제를 시야에 허용하는" "반(反)신체적" 광학에 개방된다(VII 376). 사물을 뒤덮고 있는 태만과 전통이라는 베일이 찢어진다. 이 반신체적 광학은 우리의 자연적 눈에 보이는 것이 무엇인지를 분명하게 해주었을 뿐만 아니라, 이전에는 단지 마술적 지식과 병적 흔적을 통해서만 접근할 수 있었던 감각 지각의 비일상적인 스펙트럼을 점령했다.

그리하여 영화는 벤야민의 역사 인식의 논리에서 중심적인 역할을 하게 되는데, 그 까닭은 그것이 일상적 삶에 대한 스펙트럼 분석을 수행하기 때문이다. "사실 이것에 의해 의식의 새로운 영역이 그 모습을 드러내게 된다"(II 752). 이것은 현실적 원사(aktuellen Urgeschichte)의 영역이다. 왜냐하면 벤야민이 그 원사를 기록하고 싶어하는 19세기의 경험으로부터 (어떤) 기술적 결론들을 끌어내고 있는 것은 영화이기 때문이다. 그러나 이것은 그가 19세기에서 신화의 회귀를 입증하려 한다는 것을 의미하지는 않는다. 그의 목적은 19세기를 모든 원사가 새롭게 태어나는 하나의 신화 형식으로 표상하려는 것이다. 물론 《파사주》는 어떻게 하면 신화적 의식 상태, 즉 현대의 의식을 분쇄할 수 있는가 하는 질문에 대한 대답이라고 여겨졌다.

벤야민의 역사 인식 논리는 "잔해와 쇠망 현상을 그 뒤에 오는 거대한 종합을 알리는 전령, 어떤 의미에서는 신기루"라고 이해한다(V 825). 그는 공쿠르(Goncourt)의 "역사의 잔해에서 역사를 만든다"라는 말을 자신의 방법론의 핵심적 정형으로 삼는다. 벤야민이 역사의 잔해로부터 (역사를) 구성한다고 할 때 그것은 다음과 같은 세 가지 벡터에 의한 세력장으로 되어 있다. 1) "무의미한 것들에 대한 (언어학적) 존중", 2) 시대에 뒤떨어진 것들의 초현실주의로의 허무주의적 전도, 3) 어린이 놀이에서 부스러기들로부터 난데없는 새로운 관계(In-Beziehung-Setzen)의 창조. 따라서 벤야민의 역사철학은 역사 법칙에 근거하는 게 아니라 진부성을 걸러냄으로써 창조되는 혁명적 정치 형식에 근거한다.

이 과정은 인식론을 위한 의미심장한 결론에 도달한다. 벤야민이 생각하는 역사적 경험의 "변증법적" 구성은 개별적 요소들을 겨냥하는 게 아니라, 사회적 대중(Allgemeine)과 드러나지 않은 뉘앙스를 지향한다. 그리고 이제 이것은 이미지들의 기계적 재생산과 사용을 통해서 가장 잘 설명될 수 있다. 오늘날에 대한 가장 진실된 기록이 일상 생활의 무의미한 뉘앙스 속에 감추어져 있다면, 우리가 할 일은 이들의 명료성이 한층 더 고양되도록 하는 것임에 틀림없다. 이것은 몽타주 기법에 의해 이루어진다. 벤야민에 의하면 몽타주란 "잔해들의 가장 집약적인 활용"이다(V 1030). 이것이 극명하게 나타나는 것이 사진 몽타주이다. 이것은 이미지들을 구성적으로 엮어냄으로써 이전에 씌어진 적이 없는 이야기가 "읽혀지도록" 한다. 몽타주를 통한 명료성의 고양은 순전히 가시적인 것들을 구성적으로 제한함으로써 가능해진다. 사진 몽타주는 본질적으로 무엇을 모사하는 게 아니라, 사물을 현실화하는 것이라고 말할 수 있다. 이러한 몽타주의 원리는 정확한 역사적 목록을 가지고 있다. 실재가 더 이상 지각에 의해 포착될 수 없었던 제1차 세계 대전 직후, 사람들은 실재로 하여금 스스로 말하게 하였다. 전혀 가필되지 않고 도식화되지 않은 실재가 몽타주를 규정하는 "차단의 원리"(Prinzip der Unterbrechung, II 697)에 의해서만 구성된 것이다.

벤야민에게 있어 이 몽타주 기법은 "인용 부호를 쓰지 않는 인용 기법", 즉 과거의 "잃어버린 형식"으로부터 "현재의 형식을 독해"(V 572)하는 데 기여하고 있다. 사실 초기 낭만주의는 이미 인용 내용을 동시에 "선험화해 버리는" 인용 기법을 개발하려고 애썼다. 과거의 사물이 현재에 대한 인식을 가능하게 하는 역사적 전제 조건이 되는 방식으로 인용되어야 한다는 것이었다. 인용 기법의 두 번째 핵심적인 요소는 파괴적 요소이다. 즉 참된 인용은 승인하는 게 아니라 파괴한다. 예술적 인용은 인용된 것의 상반성이 함께 있는 것을 파괴한다. 그리하여 벤야민에게 있어서 인용이란 무엇을 그 (참된) 이름으로 부르는 것을 의미한다. 이 이름 부르기는 인용된 것을 "그 맥락으로부터 파괴적으로…, 그것이 홀로 무표정하게 서 있는 그대로" 떼어내는 것이다(II 363).

잘 알려진 바와 같이, 브레히트는 이 차단에 의한 조직 과정을 소외화(Verfremdung)라고 불렀다. 인용한다는 것은 차단을 통해 형식을 부여하는 것이다. 오직 이처럼 "역사의 법정 앞에서 인용됨"(V 459)으로써만 세계 과정의 물질은 자신을 역사적 대상으로 나타낸다. 벤야민은 법률적·신학적 은유를 더욱 강화한다. 그는 참된 역사적 "대상을 하나의 법정으로" 인식한다(II 1333). 역사의 법정은 역사의 이야기를 차단한다. 그것은 하나의 군법 회의이다. 인용 기술은 바로 이것에 조응하는 것이다. 왜냐하면 벤야민에게 인용은 "평결과 용서"(Verdikt und Gnade)이지 "판정과 언도" (Urteil und Verurteilung)가 아니다. 그것은 판정 없는 집행의 세계이다(II 287 이하). 인용은 응용된 정의이며, 언어 안의 군법인 것이다. 그리하여 그것은 개시와 파괴의 힘을 언어적 합동 속으로 가져오는 정의의 순화적 기술이다. 이런 방식으로 인용은 전통의 존재를 단절로 생생히 그려낸다. 인용은 일견 잔인해 보이는 공격을 가하여 전통의 요소들을 구출해 낸다. 벤야민의 해석학적 설명법은 (원래의 맥락으로부터) 공격적으로 얻어내는 과정이다. 그리하여 모든 해석은 자신에 관하여 폭력적이게 된다.

제6장 인간학적 유물론

　　1936년 9월 6일 테오도르 아도르노는 발터 벤야민에게 다음과 같이 쓰고 있다. "귀하와 제가 모든 것에 대해 근본적이고 구체적인 의견의 일치를 보이고 있음에도 불구하고, 저로 하여금 귀하와 의견을 달리하게 하는 모든 것들은 저로서는 순순히 따를 수 없는 (귀하의)《인간학적 유물론》(*anthropologischer Materialismus*)의 표제 아래에 묶여지는 듯합니다. 귀하에게는 인간의 신체가 곧 구체성의 척도인 듯합니다"(VII 864). 벤야민을 수용함으로써 프랑크푸르트의 비판 이론은 매우 강한 영향을 받아왔기 때문에 위와 같이 정리된 양자간의 차이점은 심각하게 곱씹어보아야 할 대목이다. 벤야민의 인식론의 핵심인 인간학적 유물론은 비판 이론에 의해 수용되지 않았기 때문에 "후학들"(Nachwelt)의 의식 속에 선명하게 각인되지 않았다.

　　벤야민의 유물론은 인간학적으로 전환함으로써 아도르노뿐만 아니라 정통 마르크시즘과도 상당한 거리를 두게 되었다. 여기에서 논점은 바로 아도르노가 비판하고 있는 신체적 구체화

(leiblichen Konkretion)라는 기준이다. 그러나 여기에서 유의해야 할 것은 벤야민의 인간학적 유물론이 비역사적인 개별 신체를 논하고 있는 게 아니라 역사적으로 형성되어 온 공동체의 몸(집단적 신체, Kollektivleib)을 논하고 있다는 점이다. 벤야민의 인식론은 마르크시즘의 추상적 질료를 신체적 집단성으로 대체해 버린다. 이러한 배경 아래서만 벤야민의 다음과 같은 수사학적 질문은 이해될 수 있을 것이다. "공산주의 이론의 형이상학적 유물론은 단지 약간의 외양상의 오류인가, 아니면 구조적 오류인가?" 정통 마르크시즘이라고 각인된 유물론에 형이상학적 성격을 부여하고 있는 구조적 오류는 사유와 사회의 기초로 여겨지고 있는 추상적 질료 개념이다. 벤야민의 집단적 신체론은 바로 이 개념에 대항하고 있다.

그의 인간학적 유물론은 "자연적 피조물로서의 동물성과 정치적 물질성"(ans Kreatürlich-Animalische und ans Politisch-Materialistische)과의 "이중적 연관"에 의해 정의된다(II 1040). 그러나 이들 두 요소들이 영향력을 철저하게 발휘하기 위해서는 이들은 먼저 그들의 옛 연관들을 혁파하고 떨쳐나와야 한다. 이와 관련하여 벤야민의 인식론에 각별한 의미를 지니는 예술적 모형이 있는데, 그것은 초현실주의이다. 초현실주의야말로 "한편으로는 생리학적 · 동물학적 인간과의 연관성을 들어, 또 다른 한편으로는 정치성과의 연관성을 들어 예술을 분쇄해 버린"(II 1023) 한 예인 것이다. 초현실주의는 일격에 예술을 생리학과 정치학으로 양극화시키는가 하면, 하나의 부르주아 개체를 자연적 피조물과 집단적 신체로 갈라놓아 버린다. 똑같은 방식으로 벤야민의 인간학적 유물론도 개별 신체를 파괴적 견지에서만 논하고 있다. 또한 그는 또한 인간학적·불변적 요소를 인정하려 들지 않는다. 왜냐하면 집단적 신체는 역사적 이미지의 공간 안에서 역사적으로 조직되기 때문이다. 따라서 부르주아 개체와 집단적 신체를 "중재하는"(vermittelt) 유일한 길은 전자의 개체화(Individuation)의 경계들을 허물어버리는 것이다. 어떤 "개체"도 인간학적 유물론의 바늘귀를 통과할 수 없다. 그리하여 벤야민은 원초적 개별(principium individuationis)의 디오니소스적 파괴에 대한 니체의 이미지를 변증법적 이미지로 변형시킨다. 그는 개체를 자연적 피조물과 계급적 주체로 갈라놓는다. 오로지 부르주아적 "정신"(Psyche)의 분쇄를 통해서만 인간 피조물과 집단성이 지니고 있는 "신체적 자연력"(Physis)은 (다시) 태어날 수 있게 된다. "이런 식의 변증법적 폐기가 있은 후에야" 벤야민이 "100%"라고 부르는 이미지 공간(Bildraum)은 열린다. 이것이 "신체 공간"(Leibraum)인 것이다(II 309).

이 말은 신비주의적으로 들리는데, 그것이 벤야민이 의도하는 바이기도 하다. 만일 우리가 그의 인간학적 유물론을 하나의 타원으로 가정해 본다면, 집단성의 합리적 조직이 하나의 중심을 이룰 것이며 집단 운동의 "신체성의 일부분인 신비적 요소들"(V 853)이 다른 하나의 중심을 이루고 있을 것이다. 벤야민에 의하면 운동을 일으키는 이 공동체(Kollektiv) 몸의 신비야말로 프롤레타리아들이 주장하는 혁명적 정당성에 모든 근거를 제공할 책임을 지고 있다. 이때 핵심적 역할을 하는 것은 "오직 노동자 계급만이 공동체적 존재(Dasein)를 대변할 무오(無誤)한 감각 기관을 소유하고 있다"(II 765)는 명제이다. 이 집단은 "자연적으로" 자신을 조직할 수 있다. 왜냐하면 그것은 공동체적 감각 기관을 갖고 있으며 이를 통해서 공동체는 자신을 도덕적으로 교정해 가며 책임 있는 입장들을 정립해 나갈 수 있게 되기 때문이다.

이제 벤야민은 이 신체 공간(Leibraum)을 조직하는 일이 자본주의적 족쇄로부터 풀려난 산업 기술이 감당해야 할 업무라고 주장한다. 제1차 세계 대전의 공포는 이 관계를 선명히 보여준 바 있다. 왜냐하면 세계 대전이야말로 《파사주》에서 근본적 문제로 규정되는 (역사) 과정, 즉 19세기에서 오도된 산업 기술의 수용을 극단적으로 예시한 것이기 때문이다. 벤야민은 제1차 세계 대전을 선진 기술이 행한 인류에 대한 파괴적 반란이라고 보았다. 자본주의적 생산 조건이라는 족쇄에 묶이고 "도덕적으로 계몽되지 못한" 현대 산업 기술의 엄청난 힘이 전쟁에서만 그 정당성을 인정받을 수 있었던 것이다. 따라서 제1차 세계 대전은 《파사주》의 역사적 선험으로, 즉 산업 기술의 꿈으로부터 깨어나는 19세기의 두려운 각성으로 이해되지 않으면 안 된다. 이러한 산업 기술의 수용은 자연 정복의 동위 체계(Koordinatensystem) 내에 존재하는 한 결코 성공적일 수 없을 것이다. 그러한 방향 설정은 산업 기술을 공동체적 신체의 감각 기관으로 조직하려는 벤야민의 계획과는 배치된다. 후자는 더 이상 인간이 자연을 지배하는 데 공헌하지 않고 인간과 자연의 관계를 통제·조정하는 데 쓰일 것이기 때문이다. 벤야민은 이러한 변형된 산업 기술의 모습을 그려내기 위하여 하나의 의미심장한 교육적 유비를 찾아낸다. 이 비유 속에서 산업 기술은 자연 지배에 정향된 제국주의적 정의로부터 자유로워진다. "어른들이 어린이들을 지배하는 것이 교육의 목적이라고 주장하면서 몽둥이를 휘두르는 교장 선생님을 신뢰할 자가 어디 있겠는가? 교육이란 일차적으로 세대간의 불가피한 질서매김(unerläßliche

Ordnung)이므로, 따라서 정복을 논하겠다면, 어린이의 정복이 아니라 세대간 관계의 정복이어야 하지 않겠는가?"(IV 147)

벤야민에게 제1차 세계 대전은 인문주의적 인간(Menschen)의 종언이자, 인류(Menschheit)의 시작이 가능함을 보여준 것이다. 이와 연관하여 그의 인간학적 유물론은 자신의 모든 저작으로부터 어떤 형식의 인문주의적 논의도 배제하는 관점들을 전개한다. 경구 모음집인 그의 《일방 통행로》는 터무니없어 보이는 명제로 끝을 맺는다. 시각 위주의 현대 과학에 의해 대체되어 버렸던 고전 시대의 도취적 우주 체험(antike Rauscherfahrung des Kosmos)이 피비린내 나는 광란의 세계 대전과 같은 왜곡된 형식으로 되돌아온 것이다. 벤야민에 의하면 전쟁은 우주와의 왜곡된 대화 형식의 하나이다. 이 파괴의 혼돈 상태로부터 우리를 구원할 유일한 길은 인류적 몸(Menschheitsleib)을 기술적으로 조직함으로써 성공적인 우주적 대화에 도달하는 것이다. 그러므로 우리의 목표는 새로운 산업 기술의 광적인 발달 속에서 사회적 신체를 위한 집단적 외과 수술을 수행할 자가 누구인지를 식별하는 일이다. 가히 전쟁에 대한 심미적 도취라 할 수 있는 이 상태를 달리 설명할 길이 없다. "수많은 군중과 가스와 전력이 광활한 들판으로 내몰리고, 고주파의 굉음들이 풍광을 꿰뚫고, 낯선 별들이 하늘로 쏘아올려지며, 대기와 대양의 해저에는 프로펠러 소리로 시끄러웠다… 파괴의 전쟁이 스쳐간 지난밤 동안 인류의 사지는 광기 같은 전율을 느꼈다. 뒤따라온 반란이야말로 이 힘들 속으로 새로운 몸을 끌어들이려는 첫번째 시도였다"(IV 147 이하).

도취한 전쟁은 집단 속으로 산업 기술을 풀어놓아 살육을 자행하고 있는데, 이는 일찍이 산업 기술이 인간적 도구가 된 적도,

"행복의 열쇠"(III 250)가 된 적도 없었기 때문이다. 이러한 산업 기술의 도취(Rausch der Technik)에 대항하여 벤야민은 도취적 산업 기술(Technik des Rauschs), 즉 "세속적 계몽"을 대비시킨다. 이때의 주된 난점은 이 도취와 건설의 종합을 달성해 내는 일이다. 왜냐하면 세속적 계몽이란 도취의 경험에 예지적 구조를 제공하는 것을 뜻하기 때문이다. 이를 도식화해서 표현하면, 세속적 계몽과 중독적 도취의 관계는 변증법적 상(像)과 신비주의적 상의 관계와 같다. 상당수의 불가지론적 인식론에서처럼 꿈과 명확성은 서로 일치하게 되어 있다. 이렇게 이해할 때, 도취는 경험의 근원적 현상인 것이다. 그것은 항시 근원적이며 극단적이다. 도취는 자아의 "근원 찾기(개방하기)"(Radizierung)와 대중에게 경험을 개방한다는 점에서 근원적이며, 개별 경험의 확장이라는 점에서 극단적이다.

그리하여 벤야민의 약물 실험 또한 도취에서 오는 힘을 스스로 체험해 보고자 하는 동기에서 이루어졌던 것이었다. 여기에서 초현실주의는 하나의 모델로 등장한다. 그것이야말로 "(본래 고립시키며 분리시키는 효력을 지녔던) 도취의 힘을 혁명을 위하여 쓰일 수 있도록 해보려는" 최초의 시도였던 것이다. 왜냐하면 도취는 이론과 혁명을 매개하는 두 가지 유형의 지양적 해법들, 즉 "도취 상태에 빠져듦으로써 합리적 개체를 초월하는 것과 집단 행동을 통해서 동적·감정적 개체를 초월하는 것"(II 1021 이하) 간의 변증법적 중간 지점을 보유하고 있기 때문이다. 도취가 부르주아적 이성의 질서 안으로 끌고 들어오는 혼돈은 혁명적 훈련을 위하여 해방적 에너지로 쓰이지 않으면 안 된다. 이 작업은 무정부적 도취를 유물론적 영감으로 탈주술화시키는 일이다. 벤야민

이 찾고 있는 도취와 훈련 간의 통일은 최종적으로 "혁명의 건설
적 독재성"(II 307)에 의해 규정될 것이다.

인간학적 유물론은 세속적 계몽과 산업 기술의 집단적 신경 조
직론 이외에 "자연 목적론의 빗장을 부순다"(Aufknacken der
Naturteleologie)라는 세 번째 목표를 가지고 있다. 이것들에 공통
되는 요소는 "반(反)물리적"인 데 있다. 이것은 다음과 같이 도식
화해 볼 수 있을 것이다. 공동체적 몸이라는 개념에는 자연에 대
한 "반물리적" 이해와 (그 보완 개념으로서의) 산업 기술에 대한
"유기체적" 이해가 함의되어 있다. "세속적 계몽"은 도취의 자연
력을 정치적 건설에 쓰이게 한다. "산업 기술의 신경 조직"론에는
산업 기술이 그 도구와 수단들을 인간의 외부적 사물로써가 아니
라, 인간의 공동체적 생명의 기관으로써 쓰이게 한다는 개념이 담
겨 있다. 그리고 "자연 목적론 부수기"는 인간을 정점으로 하고
있는 자연의 피상적 연속체와 엄격한 자연 법칙을 분쇄해 버리려
는 의도를 가지고 있다. 왜냐하면 벤야민에게는 우리가 자연이라
고 부르는 것은 진정한 자연을 가두어놓은 채 감옥처럼 빗장을
걸어 잠근 견고한 갑각(甲殼)일 뿐이기 때문이다. 이제 이 껍질을
깨뜨리기 위해서는 낯선 야만인들과 괴물과 식인종들의 무쇠 같
은 턱이 필요하다. 이러한 과정에서 인간은 사물로 취급된다. 이
것은 인간을 그의 내면성으로부터 해방시키며, 그의 정치를 (윤리
적) 정서(Ethos)로부터 해방시킨다는 것을 의미한다.

이러한 배경 아래서만 우리는 벤야민이 왜 공상가 푸리에
(Charles Fourier)를 새로운 산업 기술의 기수로 격찬하고 있는지
를 이해할 수 있을 것이다. 푸리에가 정면으로 대결하고 있는 것
은 자연 정복이야말로 인간학적 불변의 본능(Konstante)이라고 정

의하는 노동 개념이었기 때문이다—그리고 이것은 곧 목적론적
자연관에 조응하는 것이기도 하다. 그는 단지 (인간의) 세계를 변
화시키려는 데 그치지 않고, 지구를 변형시키고자 했던 것이다.
극지의 동토는 녹을 것이며, 대양은 (마실) 레모네이드가 될 것이
며, 사나운 동물은 인간의 친구가 될 것이며, 인간의 기계는 더 이
상 도덕이 필요하지 않고 애써 일하지 않아도 되는 낙원
(Schlaraffenland)을 만들 것이다. 벤야민은 이러한 공상에 깜짝 놀
랄 만한 주석을 단다. "푸리에의 이 황당한 언설을 해명하기 위해
서는 동화 미키 마우스가 제격이다. 이 이야기 속에는, 푸리에의
생각과 완벽하게 일치하여, 자연의 도덕적 힘이 동원되고(die
moralische Mobilmachung der Natur) 있다. 이 동화 속에서는 유머
가 정치를 시험한다… 자연 목적론의 대문은 이 유머의 기획에
의해 허물어지고 만다"(V 781).

　벤야민은 미키 마우스를 해방된 자연의 교훈적 모형으로 변론
함으로써 그의 인간학적 유물론에 의미심장한 통찰을 더하고 있
다. 그의 주제는 인간 공동체(das menschliche Kollektiv)이며, 그의
인간(anthropos)은 조립할 수 없고 기능적이며 충전된 존재이다.
"미키 마우스는 우리에게 피조물들은 그들로부터 인간을 닮은 모
든 것들을 제거해 버린 후에도 여전히 살아 남는다는 것을 보여
주고 있다. 그것은 인간을 정점으로 삼는 창조된 세계의 위계 질
서를 돌파해 버린다"(VI 144).

　미키 마우스라는 이 익살스러운 교훈적 모형의 인간학적 유물
론이 영화의 형태로 나타난 것은 우연한 일이 아니다. 이 새로운
매체를 만난 벤야민은 20세기의 이미지 홍수 속에서 기존의 것과
구별되는 하나의 정치적 목록을 작성하려 한다. 사진기가 만들어

내는 끝없이 많은 이미지는 무한한 완전성의 공간을 창조하고 있다. 여기에서 중요한 목표는 현대의 복제 기술로써 열린 이미지 공간을 정복하는 것이며, 그것을 인류의 새로운 놀이 공간으로 만들겠다는 것이다. 그러나 이것이 가능하려면 이 이미지-놀이-공간(Bild-Spiel-Raum)이 동시에 활동하는 공동체의 신체 공간으로 나타날 수 있어야 한다.

인간들은 상(像)을 필요로 하는 존재이다. 무엇보다도 인간의 본능적 삶은 상으로 가득 차 있으며, 다른 한편 인간들은 동종의 타인들과 더불어 상으로 가득 차 있는 하나의 공동체적 몸을 형성한다. 그리하여 벤야민의 인간학적 유물론에 나타나는 이미지 공간이라는 개념은, 개별 인간의 신체에는 해당되지 않을는지 모르지만 기술적으로 조직된 공동체의 신체적 자연(physis)에는 상이 스며들어 있으며, 또 그 자신이 상 속으로 들어갈 수도 있다는 핵심적 경험을 근거로 삼고 있다. 바로 이 신체와 상 간의 상호 침투 속에서 실제적인 행동 공간이 펼쳐진다. 이때 관찰자와 대상 간의 거리는 소멸되고 만다. 우리는 더 이상 우리 앞의 상을 보는 것이 아니라 상 속으로 들어가는 것이다.

벤야민은 우리에게 잘 알려진 제1의 자연과 제2의 자연이라는 구분을 1차 산업 기술과 2차 산업 기술의 구분으로 확대시킨다. 1차 산업 기술은 인류를 소모해 버리며 인간을 제물로 삼는 데에까지 이른다. 그것은 모든 1차 자연적 유토피아가 목표로 삼는 개체들의 커다란 실존적 물음(사랑과 죽음)을 억압하고 왜곡시킨다. 1차 산업 기술이 목표로 삼는 것은 자연의 정복이며, 그것의 모토는 "한 번으로 끝내기"(Ein für allemal)이다. 이에 반하여 2차 산업 기술은 "한 번은 단 한 번도 존재하지 않는 것과 마찬가지"

(Einmal ist keinmal)라고 소리친다. 즉 "그것은 실험과 무한히 다양한 실험의 조직 방식을 다룬다"(VII 359). 2차 산업 기술은 인간을 최대로 검소하게 사용하며, 마치 오늘날 무인 원격 조정 비행기에 의해 보여주듯이, 인간으로 하여금 자연으로부터 도락적 거리(spielerischem Abstand)를 유지하게 한다. 그리하여 2차 산업 기술은 자연 정복이 아니라, 인간과 자연의 교호 작용(Zusammenspiel)을 목적으로 삼는다. 벤야민에 의하면 신체와 예속적 자연의 해방을 위한 본질적 전제 조건은 1차 산업 기술의 폐지이다. 그러므로 그가 보기에 현대의 혁명은 "2차 산업 기술을 신체 기관으로 가지는 새로운, 역사상 초유의 공동체에게 신경 조직을 가동시키려는 시도이다. 2차 산업 기술은 자연력과의 유희(Spiel)를 위해 일차적 · 사회적 힘에 대한 통제가 전제되는 체계이다"(VII 360).

미학적으로 볼 때 1차, 2차 산업 기술 간의 투쟁은 영기적(靈氣的, auratischer) 지각과 실험적 지각, 제의적(祭儀的) 가치와 전시적(展示的) 가치, 현상과 유희 간의 반립 속에서 발생한다. 그래서 이러한 새로운 활동 영역을 연 대중 매체는 영기의 쇠퇴를 가져오는 데 직접적으로 기능한다. 영화와 텔레비전의 움직이는 상들은 명상과 영기적 지각을 불가능하게 한다. 벤야민은 현상의 이러한 해체에 대한 세계사적 목록을 유희를 통해 그럴듯하게 작성해 보인다. "왜냐하면 현상은 1차 산업 기술의 모든 마술적 방법들 중에 가장 멀리 제거되어 버린, 그러나 또한 그런 까닭에 가장 지속적인 도식이다. 유희는 2차 산업 기술의 모든 실험적 방법들을 위한 고갈되지 않을 저수지인 것이다"(VII 368).

벤야민의 공동체적 몸에 대한 근본적 오해를 제거하기 위해 우

리는 이 개념과 대중이라는 개념을 분명히 구별하지 않으면 안
된다. 마르크스주의는 근본적으로 생산 과정에서의 위치에 의해
서 계급의 개념을 규정짓는다. 반면에 "대중"이라는 개념은 시장
의 범주에 속한다. 상품은 자신의 주위에 대중을 모으며, 이로써
그 조직에게 환상적 요소를 대여한다. 그러므로 우리는 대중을 상
품의 물화된 형식이 경제적으로 조응하고 있는 인간 공동체의 집
합 상태라고 정의할 수 있다. 시장의 우연성, 집단 본능, 반사적
행위 등이 "자연의 유희"(Naturspiel)를 형성한다(I 565). 이런 의
미에서 벤야민은 19세기 대중을 사회적 자연사를 구성하는 한 장
(章)이라고 여긴다.

　사회적으로 명확히 규정되지 않은 대중의 외관은 그 계급적 측
면을 은폐하고 있다. 그러나 이로써 대중은 고정화되고, 독재적
장악은 용이하게 된다. 이는 상품 물신성, 대중의 실존, 그리고 전
체주의 간의 긴밀한 연관성을 명백히 보여주는 대목이다. 상품에
의한 생명 없는 중심점(die tote Warenmitte)을 향해 몰려든 원자
화된 사적 이해 관심들 간의 연합이야말로 역사적으로 나타난 정
치적 전체주의의 근원적 현상인 것이다. "민족 공동체는 개인들을
깡그리 대중 단위의 고객(Kundenmasse)으로 만드는 일에 방해가
되는 것이면 무엇이든 개인들로부터 제거해 버리려고 혈안이다"
(V 469). 따라서 대중이 자연의 유희처럼 보이는 것은 단지 자본
주의적 생산과 시장을 지배하는 자연 법칙이 대중 조직 안에서
나타나기 때문이다. 우연적·사적 관심들이 시장으로 집중되는
현상은 현대적 대중 형성의 자본주의적 근원 현상이다. "하나의
큰 길거리, 하나의 대형 화재, 하나의 자동차 사고는 사람들 그 자
체, 즉 계급적 정의와 무관한 사람들을 모은다. 이때 그들은 구체

적 군집체로서 나타난다. 그러나 그들은 사회적 의미로서는 여전히 추상적일 뿐이다"(I 565). 이때 대중이라는 관념은 더 이상 개별 부르주아에 맞서는 상상적 입장에 있는 게 아니라, 세계 시장의 대중 고객으로부터 도출된 개념인 것이다. 19세기의 박람회는 이 대중을 하나의 동질적 대상으로 여겼다. "백화점의 등장과 함께 고객들은 역사상 최초로 자신들을 대중으로 느끼기 시작했던 것이다(이전에는 오직 결핍만이 그들에게 이 같은 느낌을 가르쳤다). 그리하여 상품 거래가 지니고 있는 마녀적·전시적 요소가 놀랄 만큼 증가하게 되었다"(V 93).

현대 대중의 환각적 속성을 끌어내 보이기 위하여, 벤야민은 19세기의 수도 파리를 배회하는 보들레르적 인간의 환각적 체험을 분석한다. 이 배회자에게 대도시의 대중은 눈요깃거리를 제공하는 보고이다. (파리는) 현란한 색채를 띤 대중 구매자들의 환각의 베일로 잿빛의 범속한 대중을 가림으로써, 낯선 이방인으로 하여금 천편일률적인 현대적 일상 생활로부터 벗어나 망상의 나래를 펴게 한다. 배회자는 이 분장된 상품적 인격들에게 "영혼"을 부여한다. "스스로 동기 유발되고 스스로 고무되는 군중의 환상은 새로움을 향한 갈증을 없애준다. 실제로 이러한 공동체는 하나의 환상일 뿐이다. 배회자의 눈요깃거리가 될 뿐인 이 '군중'은 70년 후 민족 공동체가 쏟아부었던 (바로 그) 공허한 형식이다"(V 436).

환상적 공동체로서의 도시 대중은 현대를 환각의 시대로 구성하는 벤야민의 작업의 중심에 서 있다. 그것은 고전을 소생시켜 현대와 연결시키는 매개체이다. "대중은 배회자 앞에 자신을 베일처럼 드리운다. 그것은 고립된 자의 최신 환각제이다. 둘째로, 대중은 개인의 모든 족적을 지워버린다. 그것은 추방당한 자의 최신 피난처인 것이다. 마지막으로 대중은 도시의 미로 중에서 가장 새롭고 가장 탐색하기 어려운 미로이다"(Br 751).

현대는 이 대도시의 대중을 통해 그 실재를 실현한다. 이들 대중은 손쉽게 얻을 수 있는 재생 가능한 물건과, 찰나적이며 반복 가능한 경험과, 직접적이고 천편일률적인 지각을 원한다. 대중은 도덕을 평준화하며, 모범적 태도보다는 학습될 수 있고 재생될 수 있는 태도를 요구한다. 대중은 기술적 재생 능력의 "축소 기술" (Verkleinerungstechnik, II 382)을 통하여 이전에 보지 못한 다루기 쉬운 것들, 가까이 있는 것들의 통치를 수행한다. 그리하여 인간과 사물 간의 내적 관계는 근본적인 변화를 겪게 된다. 특히 세계의 "탈영기화"(Entauratisierung)는 인간들의 세계 내 행위 (menschlichen Weltverhalten)라고 하는 대상 극점(Objektpol)에만 영향을 미치는 것이 아니다. 영기의 파괴는 존재의 모든 잠재 역량을 평준화해 버린다. 그러나 벤야민에게 있어 이것은 정확히 "인류의 부흥 갱신"을 향한 역사철학적 전망이 열리는 것을 의미한다(I 478).

제1차 세계 대전의 악몽이 지나고, 급기야 공산주의 혁명의 하늘 위로 대중의 인간적 용모가 떠오르는 듯했다. 이 혁명은 단지 유기체적이고 개별적으로만 존재하던 모든 것들을 익명의 연옥에 벗어던졌다. 그러나 이 과정에서 혁명은 한때 "자연의 유희"인 양 자처했던 대중이 한낱 악한 환상임을 꿰뚫어보게 하였다. 이를 다음과 같이 도식화해 볼 수 있을 듯하다. 공동체의 인간적 용모를 나타내기 위해서는 개인의 자유라는 물신주의에 홀린 대중을 분쇄하지 않으면 안 된다. 오늘날 참된 자유를 위한 공간을 마련하기 위하여 대중이 할 수 있는 일은 훈련된 방식에 따라 개인적 자유를 부정하는 길뿐이다. 왜냐하면 벤야민의 분석 대상은 해방된 대중이 아니라 자본주의 대중이기 때문이다. 그것이 아직 인간의 얼굴을 보여주고 있지 않음은 물론이다. 그러나 그것은 하나의 "모체"(Matrix)로서 이미 새로운 세계 내 행위(neue Weltverhalten)를 규제하고 있다. "모든 습관적 행동은 대중이라는 모체로부터… 갓 태어난 듯 새롭게 나타난다"(I 503)는 벤야민의 명제는 대중이 새 세계의 모체(Gebärmutter)임을 보여준다. 하지만 그는 또한 모체를 문자 그대로 "거주할 처소의 원상(原像)"(Urbild des Wohnens, III 196)으로 이해한다. 하지만 이 말은 동시에, 현대에 심각한 영향을 행사하고 있는 모든 이미지들은 한결같이 대중 속에 "거주하고 있음"을 암시하고 있다.

모체로서의 대중은 인성(人性, Persönlichkeit)보다 사물성(Sachlichkeit)을, 개인보다 기능을, 비밀스런 제조법(Fabrikationsgeheimnis)보다 견고한 지식을 요구하며, 이른바 인간 세계라는 것을 파괴하는 기계 장치 속에서 복무하도록 인간을 훈련시킨다. 이 모체는 20세기의 새로운 산업 기술에 대항하여 두 가지 근본적인 보완적 요구를 제기하는데, 이것이 대량 재생산(massenweise Reproduktion)과 대중의 재생산(Reproduktion von Massen)이다. 여기에서 사회적 노동, 특히 공동체적 행위 형식이 요체로 등장한다. 이때 한 가지 분명한 것은 대중은 기술적 장치에 의한 자기 재생산을 통해서만 자신을 만날 수 있게 된다는 점이다. 그 이유는 간단하다. "자연적" 시각은 공동체적 행동 형식을 제대로 지각할 수 없기 때문이다. 모든 대중적 행동은 기계 장치에 의해 투시되는 지각을 요구한다. 따라서 벤야민은 의미심장한 정치적 화두인 대중의 자기 지각(즉 계급 의식으로서의 대중의 자아 의식)은 그들을 재생산해 내는 기계 장치에 입각해서만 결의에 도달하게 된다고 생각한다. 1927년 벤야민은 이렇게 쓰고 있다. "바로 지금 러시아라는 거대한 실험실에서 진행 중인 가장 놀라운 실험의 하나는 영화와 라디오가 이러한 공동체에게 끼치는 영향에 관한 것이다"(II 750). 그러나 파시즘의 주간 뉴스 또한 현대의 대중 매체 즉 기계적 대량 생산이야말로 집단 형식의 행동을 위한 최적의 표상 형식임을 입증했다. "오늘날 녹음 장치에 의해서 (안방에까지) 완벽하게 전달되는 거대한 축제 행렬, 대규모 정치 집회, 대형 운동 경기, 그리고 전쟁 속에서 대중은 바로 눈앞에 있는 자신을 본다"(I 467).

그러나 벤야민은 매우 분명한 경계선을 긋는다. 대중이 파시스트적인 현란한(선전) 행사 속에서도 눈앞에 있는 자신을 보고 있는 것은 사실이지만 그들이 자신을 만나고 있는 것은 아니다. 기획 통제된 대중은 역사적 상황에 필적하지 못하며 단지 권위적 명령에 복종하고 있을 뿐이다. 파시즘은 대중을 "유기체적 조직"[에른스트 윙거(Ernst Jünger)]으로 끌어들일 수 있는 전기 에너지의 저수지라고 해석한다. 동시에 파시즘은 대중으로 하여금 "대규모 행사" 속에서 현란한(선전) 메시지를 표현하도록 종용한다. 그리하여 파시즘의 "유기체 조직"은 집단의 책임을 삭제한 채 집단 행동을 조직한다. 이 책임은 대중의 현란한(선전) 메시지 표현으로 대체된다. 반면에 조직으로부터 표현을 분리해 버리는 것은 대중으로 하여금 그의 기계적 재생산 속에서 자신을 역사적 힘으로 인식하지 못하게 한다.

전체주의 국가는 대중의 생산력을 "비자연적인 방식으로" 착취

하는 체계 속에서 대중을 조직한다. 그리하여 파시스트 엘리트들이 연출하는 장대한 대중적 표현은 "대중이 자기 이해에 도달할"(III 488) 모든 가능성을 왜곡시켜 버린다. 아무런 조직화도 되어 있지 않는 대중으로부터 어떤 계급층이나 계급 구조가 등장할지도 모른다는 공포에 의해서 대중은 미학적이게 된다. 파시스트적 민족 사회주의의 현란한(선전) 행사들은 의미 없는 예배 의식과, 권리 없는 주장과, 정신이 존재하지 않는 집단체의 각본을 만든다. 다음과 같은 변증법적 통찰은 벤야민에게 각별한 의미를 갖는다. 대중의 파시스트적 조직화는 곧 제1차 세계 대전 동안에 나타난 지배 계급의 와해의 이면에 다름 아니다. 블록화된 권력은 곧 (상호) 적대적인 세력들로 해체되어 버린다. 모든 축출된(전복당한) 상황들이 그렇듯이, 이것 역시 많은 통찰거리를 배태하고 있다.[1] "'대중'은 결코 분명하고 완벽한 것으로 보이지 않는다. 대중과 대중의 변증법에 대해서는, 그것이 어디에서 형성되었는지 그리고 어디에서 발견되었는지에 따라 두 가지 해석이 있을 수 있다"(IV 567). 왜냐하면 파시즘은 사람들을 하나의 대중적 선전 도구로 만드는 반면에, 공산주의는 "드러난"(entdeckte) 대중을 공동체적 신체 공간(Leibraum)으로 조직하기 때문이다. 대중은 재생산됨으로써 자신이 지닌 역동성의 화려하지 않은 "건축학적" 속성을 끌어낼 때만 자신의 정당한 권리를 획득한다. "대중의 삶은 항상 역사의 용모를 결정짓는 요인이었다. 이 대중이 의식적으로, 그리고 마치 안면 근육처럼 작용함으로써 (역사의) 얼굴 표정을 만들어내고 있다는 사실은 전혀 새로운 현상인 것이다"(I 1041).

---

1) 벤야민에 의하면 역사의 전면에서 축출되어 미미한 존재로 전락한 것들은 그 존재 자체가 역사의 실재에 관한 보고이다—옮긴이 주.

따라서 벤야민이 유토피아적 요소들을 심지어 세계 전쟁에서 경악과 공포와 놀라움의 속성을 드러내는 대중 행동으로 독해하려는 것은 결코 놀라운 일이 아니다. 그는 재앙과 축제가 모두 책임성을 향한 공동체적 성장을 위한 무의식적 훈련이라고 해석한다. 이들 재앙과 축제 속에는 성숙의 계기가 예견되어 있는 것이다. "왜냐하면 공포와 축제는 마치 오랜 이별 후에 서로를 알아보는 형제들처럼 혁명적 봉기 속에서 서로를 껴안는다"(IV 435). 그리하여 벤야민의 인간학적 유물론은 현대의 혁명을 공동체의 활동에 의한 "시도들을 역사적으로 조직"(II 801)하는 것이라고 인식한다. 그는 대중의 환희에서뿐만 아니라 그들의 낙담 속에서 새세계의 법칙을 읽어내려 한다.

그러나 19세기 이래 역사적으로 존재해 온 대도시 대중과 벤야민의 인간학적 유물론이 주장하는 기술적으로 조직되는 공동체사이에는 심연이 있다. 벤야민은 이 심연에 다리를 놓고 자신의 개념이 정치적으로 기능하게 하기 위해 상호 밀접하게 연관된 세가지 사유 모형들을 전개한다. 1) 그는 초현실주의에 기초하여 부르주아적 개인이 자연적 피조물과 공동체로 갈라져 나가는 과정에 관한 개념을 발전시킨다. 2) 그는 보들레르의 작중 인물과 영화 배우들을 들어, 인간 자신으로부터의 소외가 어떻게 생산적으로 사용될 수 있는지를 보여준다. 3) 베르톨트 브레히트, 아돌프로스(Adolf Loos), 살로몬 프리들랜더(Salomon Friedlaender) 등을 이용하여, 그는 "파괴적 성격"들을 분리해 나간다. 벤야민에게는이 파괴성이야말로 프티 부르주아의 밀집 대중으로부터 신생 인류의 공동체에 이르는 왕도이다. 파괴성은 선한 해방적 힘이다. 놀랍게 들릴는지 모르나, 이것은 파괴 본능에 관한 프로이트의 이론에서뿐만 아니라 하이데거의 《존재와 시간》(*Sein und Zeit*)에 나타나는 파괴 개념의 중심 기능에 의해서도 입증된 20세기의 보편화된 생각이다.

해방적 파괴라는 개념이 낯설게 느껴지는 것은 파괴라는 형식에 대한 사회적 금기가 있기 때문이다. 이와 관련하여 한 가지 중요한 사실은 파괴적 인성이 죽음 본능의 징후가 아니라는 점이다. 오히려 우리는 정반대로 주장할 수 있다. 파괴의 욕망이 자기 파괴적으로 되는 것은 그 욕망이 파괴적 본능에 대한 사회적 금기에 의해서 내부로 향하도록 강요될 때뿐이다. 실로 비판을 건설적 힘으로만 인정한다면 치유적 정화 작업(heilsamen Reinigung)의 가능성은 차단되는 것이며, 바로 이러한 이유로 우리는 정결과 영감과 창조성이라는 숭배 대상(Fetisch)에 무조건적 경의를 표하게 되는 것이다. 파괴적 힘에 대한 금기는 파괴와 창조 간의 해체할 수 없는 결합을 은폐한다. 로스의 견해에 따르면, 분업에 의해 순전히 건설적 활동에만 종사하도록 유배당한 사람은 참으로 굴욕과 모욕을 당한 것이어서, 그는 악한 양심의 형식으로서만 파괴의 기쁨을 알게 된다는 것이다. 벤야민의 파괴적 인성 개념은 이와 상반된다. 그는 매우 함축적으로 이것을 사유의 이미지 속에 담고 있다. "파괴적 인성은 오직 하나의 구호만을 알 뿐이다. 공간을 창조하라. 그리고 오직 하나의 활동을 알 뿐이다. 치워버려라. 신선한 공기와 탁 트인 공간을 열망하는 이 사람의 욕구는 그 어떤 증오보다 강하다. 파괴적 인성은 젊고 쾌활하다. 파괴는 다시 젊어지게 한다. 왜냐하면 우리의 길로부터 자신의 옛 흔적들을 말끔히 쓸어버리기 때문이다. 파괴는 쾌활하다. 왜냐하면 파괴자에게 있어 치워버린다는 것은 언제나 자신이 처한 상황의 완벽한 변형,

즉 근절을 의미하기 때문이다… 파괴적 인성은 언제나 싱싱한 자세로 일에 임한다. 그의 행진 속도를 지시하는 것은, 비록 간접적 지시이긴 하나, 바로 자연이다. 왜냐하면 그는 자연에 앞설 수 있도록 서둘러야 하기 때문이다. 그렇지 않으면 자연 자체가 그 파괴의 업무를 인수해 버릴 것이다. 파괴적 인성에게는 어떤 비전 따위도 보이지 않는다. 그에겐 어떤 욕구도 없다. 파괴되고 난 후 무엇이 대신 들어서는가를 알고자 하는 것 따위엔 추호의 관심도 없다"(IV 396 이하).

파괴적 인성이 존중하는 것은 존재하는 모든 것은 파괴를 통하여 소멸할 가치가 있다는 사실이다. 이런 관점에서 볼 때 세계는 조화로운 모습으로 변모된다. 아무런 상(像)조차 지니지 않는 파괴는 자신의 흔적을 포함한 모든 흔적들이 말소되어 버린 빈 공간을 열어준다. 이제 이 공간에 들어오는 것은 (우리) 가까이 있으며, 다루기 쉽고 유동적이어서 고착되어 있지 않다. 그리하여 파괴적 인성은 전통의 유적물과 그 신성 불가침의 대상들에 의해 유포되는 안락의 세계를 분쇄해 버린다. 그는 부르주아의 내부 상자로부터 "상자 속에 든 인간"(Etui-Menschen)을 쫓아낸다. 그 상자 속의 인간(부르주아)은 말끔히 치워진 유리와 철로 된 세계 속에서는 안락할 수 없다. 왜냐하면 그는 감각적으로 의인화된 상품 세계, 정확한 표식과 용기(用器)의 컨테이너를 저택으로 삼는 상품의 세계 없이는 살아갈 수 없기 때문이다.

이미 1918년에 트리스탄 차라(Tristan Tzara)는 상자 속의 부르주아 세계를 끝장낼 위대한 부정과 파괴의 사역(事役)을 주장했었다. 여기에서 아돌프 로스에 관한 카를 크라우스(Karl Kraus)의 말을 인용하면, 이 세계를 이 세계로 만들기 위하여 이 세계와 싸

우는 것이 목적이다. 또한 그는 진정한 인간적·자연적 사역은 오직 파괴로 구성된다고 했다. 이러한 파괴적 인간성의 반대편에는 온순하고 흔쾌한 사물성이 있다. 이러한 상태로의 진입은 현존성(旣成, Bestehend)의 장벽에 가로막혀 차단되어 있다. 그러므로 파괴적 인성은 유토피아적 의식이 이 세상에서 부딪치고 있는 장벽을 산산조각 내는 것이라고 말할 수 있을는지 모른다. 그러나 그는 이들 파편 조각의 언저리를 맴돌며 상념에 잠기는 우울병자가 아니라, 파편더미들을 뚫고 난 길을 가리키는 비관론자이다. "그러나 그는 도처에서 길을 보기 때문에, 도처의 길로부터 장애물을 제거하지 않으면 안 된다—이는 반드시 난폭한 폭력에 의거하는 것이 아니라, 때로는 세련된 폭력에 의거하기도 한다. 그는 도처에서 길을 보기 때문에 그 자신은 항상 교차로 위에 서 있다. 다음 순간이 무엇을 들고 나타날지는 어느 순간도 알고 있지 못하다… 파괴적 인성은 '다른 선택이 주어져 있다'는 사실을 결코 믿지 않는다. 그는 상황이 자신에게 허락한 유일한 출구를 찾기 위하여 모든 상황을 탐색하는 일에 익숙해 있다. 그는 어느 순간에도 삶을 볼 수 있고, '삶이 더 이상 이런 식으로는 계속될 수 없음'을 통찰하는 역량을 갖고 있다. 왜냐하면 실제로 삶의 가장 깊고 감춰진 곳에서 삶은 이런 식으로 진행되고 있는 게 아니라, 한 극단에서 다른 극단으로 진행되고 있기 때문이다"(IV 1001).

벤야민에게 있어 이런 식의 정형은 "선택"이 그 본질에 있어 침착한 "결단"을 내리는 우리의 힘을 마비시키는 공허한 환상적 자유에 지나지 않는다는 점을 깨달을 때 더욱 의미심장한 것이 된다. 재앙의 평상성을 표현하기 위하여 벤야민이 사용하는 또 다른 도식은 정확히 "사물은 그저 지속해 가고 있을 뿐이다"(daß es so weiter geht)라는 말 속에 나타나 있다. 그리하여 파괴적 인성은 어느 순간이든 재앙을 능숙하게 뒤집어놓는 도약을 준비하는 태도를 갖는다. 사물이 더 이상 그저 지속해 가고 있는 게 아니라 한 극단에서 다른 극단으로 이동한다는 사실은, 파괴적 인성에게 있어 참된 경험은 늘 변증법적 양극화의 결과임을 암시해 준다. 이것은 살로몬 프리들랜더가 "창조적 무관심"(schöpferische Indifferenz)이라고 부르는 것에 상응하는 것으로, 양극 사이의 부유(浮遊)이다. 이 관계에서 한 가지 중요한 것은 양극단은 서로 화해할 수 있는 게 아니라 단지 평형을 이룰(konterbalancierbar) 수 있을 뿐이라는 사실이다. 파괴적 인성은 극단적 형식으로 존재하는 모든 것을 지각하기 때문에 언제나 사물이 더 이상 나아갈 수 없게 된 바로 그 지점에서 출구를 찾아낸다.

벤야민에 의하면 모든 파괴적 본능은 그 핵심에서는 "화해할 준비가 된 상태"를 표현하고 있다. 이것은 그의 사유의 신학적 등위 좌표와 연관시키지 않고서는 이해할 수 없다. 그의 초기 작품 "괴테의 친화력"은 이미 종교적 경험의 주위를 맴돌고 있다. 오직 신과 더불어서만 진정한 화해가 존재한다. 그리고 이 참된 화해는 우리가 화해의 과정에서 "모든 것이 화해의 신이 보는 앞에서 다시 회복되는 것을 보기 위하여, 무엇보다 먼저 모든 것을 파괴해 버릴 때"(I 184) 달성된다. 그리하여 파괴와 부활은 화해의 개념 안에서 조우한다. 벤야민이 후기에 구상한 유물론적 사관에서도 이러한 기조는 변하지 않고 유지된다. 따라서 그는 "앞서 살았던 세대들"의 "복수자"요 "구원자"로서의 노동자 계급의 "기능"을 그들이 지닌 파괴적 힘과 연결시키고 있다. 오직 파괴적으로만, 역사를 거슬러 빗질함으로써만 역사적 주체는 "억눌린 자들의 전통"을 동시에 폭로하고 정립할 수 있는 것이다. 따라서 그의 신학적 과제는 "구속(救贖) 사상 속에 내재하는 파괴의 힘을 풀어놓아 주는 일"이다(I 1246).

벤야민은 사회 민주주의의 진보 신앙과 마르크스주의의 형이상학에 대결하여 사적 유물론이 지니고 있는 파괴적 요소를 선명히 부각시켜야 할 필요성을 되풀이하여 강조한다. 그러나 유물론적 파괴력이 겨냥하고 있는 힘은 무엇보다도 역사주의자들의 보편적 역사 개념과, 그들의 승리자에 대한 감정 이입론(이것의 반립은 "역사를 거슬러 빗질하기"라는 도식 속에 함의되어 있다), 그리고 역사의 설화화 가능성 등이다. 그리하여 역사의 불연속성을 의식하는 인식은 "혁명적 파괴와 구원 개념이 상호 연결"(I 1241)되는 곳에 존재한다. 그러나 이 연결 속에서 파괴성이 매우 구체적으로 함의하고 있는 것은 피억압자들의 호전성과 증오심이다. 사회 민주주의에 대해 벤야민이 가장 심각하게 비판하는 것 중 하나는 "노예로 묶여 살던 선조들의 이미지"로써 지탱해 온 증오심을, 진보의 미래로 방향 전환시킴으로써, 노동 계급에게서 축출해 버린 점이다. "이 과정에서 증오는 가장 강한 자신의 근육을 잘라버린 것이다"(I 700). 그 파괴의 힘 말이다.

인식의 백지(Tabula rasa)를 예비하는 것, 깔끔히 먹어치우는 일이 모든 혁명적 건설 행위의 전제 조건이다. 파괴적 인성은 세계를 "먹어치우며", 깔끔히 비워버리며, 이를 통하여 참된 통일성 속에서 그것이 드러나도록 한다. 세계를 그 내적 본질에서 결속하고 있는 것은 세계가 파괴될 만한 가치가 있다는 사실이다. 이런 의미에서 벤야민의 정치 이론에 담긴 유토피아적 요소는 그 허무주의적 요소와 분리할 수 없다. 그는 "파괴될 만한 가치를 지닌 부

위를 조명하는 것이야말로 정치적 유토피아의 기능이다"(I 1243
이하)라고 정의한다. "파괴는 인간성의 참된 풍토(Klima)임"(I
1243 이하)을 입증하는 것이 벤야민이 보들레르, 프루스트
(Proust), 시어바르트(Scheerbart), 카를 크라우스, 브레히트 등을 연
구한 주된 동기였다. 이들 모두는 파괴적 인성의 반인간성이야말
로 그의 진정한 인간성의 이면임을 폭로하는 도전에서 절정을 보
인다. 왜냐하면 모든 인간적 가치를 지닌 모든 활동은 창조성이라
는 주물(呪物)에 반하여 소모시키며 정화시키고 있다는 의미에서
파괴적이기 때문이다. 파괴적 인성은 언제나 "명령자"로서 행동한
다. 그는 집단의 "역사적 명령"을 완성한다. 좀더 정확히 말하면,
그는 "매 상황마다 그것이 역사적 상황인 양 행동한다"(IV 999
이하). 그러므로 집단에 의한 명령과 통제는 순수한 인간 활동을
구성하는 요소이다. "할당받고 통제받는 일과 그 전형인 정치적·
기술적 작업들은, 먼지와 쓰레기를 양산하고, 파괴적으로 일에 관
여하며, 이제껏 이룬 일을 소모해 버리며, 전자에 의한 조건들에
대하여 비판적 태도를 취한다… 그리고 이로써 잔혹성은 더 실제
적인 인문주의의 전령으로서 우리 가운데 서게 된다(II 366 이하).

따라서 벤야민의 실제적 인문주의는 엄격히 인문주의적 의인화
(Menschenähnlichkeit)의 부정을 통해 전개된다. 산업 기술적으로
조직된(Organisation) 공동체의 자의적인 건설적 속성은 다름 아닌
유기체의(Organischen) 인문주의적 주물에 의해 왜곡된다. 그러나
인문주의적 전통의 경험과 교육이 인류의 갱생에 걸림돌이 된다
면, 이러한 전통의 환상으로부터 자유로운 자들은 전략적 이점을
가지고 있다 하겠다. 요컨대 20세기에 이르러 인문주의적 경험의
가치가 퇴조하는 시점에서 볼 때, 그런 가치는 전혀 갖지 않는 편

이 더 나은 것이다. 이러한 이유로 해서 "경험의 빈곤"은 벤야민에게 하나의 구성적 개념이 된다. 이것은 "야만성(파격성)의 새로운 긍정적 개념"을 도입하는 것에 상응한다(II 215). 아인슈타인 (Einstein), 클레(Klee), 시어바르트, 로스 등은 인문주의적 전통을 넘어 확장해 가는 인사들 가운데 몇몇 이름에 불과하다. 이들 잔인한 안출자(案出者)들이 갖는 특성을 들면, 그들은 깨끗이 먹어치운 후 처음부터 새로 시작하고 작은 것들로 새살림을 차릴 뿐 건축 기초 공사 따위는 염두에도 없다. 구성의 원리로서의 빈곤, 해방적 태도로서의 야만성이 도처에서 확인된다. 이제야 비로소 어느 정도만큼 야만성을 실제적 인문주의의 이면으로 여겨야 할지 분명해졌다. "때로 개인은 대중에게 다소의 인간성을 포기하라, 그러면 언젠가 자신에게로 이윤과 복리(複利)가 함께 돌아오리라"(II 219). 그러므로 새로운 야만인과 산업 기술적으로 조직된 공동체의 파괴적 인성은 벤야민의 인간학적 유물론이라고 하는 타원형의 초점(die Brennpunkte der Ellipse)을 이룬다.

파괴적인 것의 미화(Bonisierung)는 벤야민의 글들에 나타나는 주도적 동기이다. 일반적으로 그것은 알레고리라고 하는 예술적 형식과 관련되어 있다. 《독일 비극의 기원》은 이미 파괴와 분쇄와 파편 조각들의 변증법적 기능을 부각시킨 바 있다. 그러나 17세기에 평상적 문체 형식으로 쓰이던 알레고리는 일반적으로 자신의 파괴적 기능을 은폐해 왔다. "때아니게 나타난"(unzeitgemäße) 19세기의 알레고리 작가, 보들레르만이 "알레고리적 의도에 담긴 파괴적 힘"을 인지하고 있었다(I 661). 이제 알레고리 형식은 상품의 형식과 밀접하게 연관되어 있다. 마치 상품의 전시가 사물을 그 일상적 맥락(가용성, Zuhandenheit)으로부터 끌어내듯이, 알레고리 역시 유기체적 관계성 속에 파괴적으로 침투해 들어간다. 그러나 벤야민에 의하면 "알레고리적 의도의 위용"을 구성하고 있는 것은 바로 이 파괴성이다. "유기체와 생명체의 파괴는 곧 환상의 해체이다"(I 669 이하).

이제 파괴적 인성에 관한 지금까지의 논의를 통해, 벤야민 자신과 보들레르와의 심각한 차이에 대한 벤야민 자신의 입장 또한 명백해졌다. 파괴적 인성은 존재하는 것을 폐허로 이끈다. 그러나 폐허 자체를 위해서가 아니라 폐허를 통하여 난 길을 위하여 존재하는 것을 깔끔히 치워버리는 것이다. 보들레르의 알레고리는 다르다. 그것이 자신의 삶의 연관으로부터 쫓아낸 것은 (쫓겨났음에도 불구하고) 여전히 "보존되어 있다." "알레고리는 폐허를 견고히 지킨다. 그것은 경직되어 버린 불안의 이미지를 제공한다. 보들레르의 파괴적 충동은 어느 곳에서도 자신에게 귀속된 것을 제거해 버리려는 일에 관심이 없다"(I 666). 따라서 보들레르에 따르면 바로크 시대의 알레고리적 의도에 담긴 파괴적 충동은 자신에게로 회귀한다. 그러나 보들레르의 분노의 파괴욕이 새로운 "식인종"들의 흥겨운 야만성으로 정화되는 것은 20세기의 파괴적 인성이 출현한 이후에야 가능했다.

제7장 매체미학(Medienästhetik)

벤야민의 추종자들은 벤야민의 작품이 철학·문학·역사·신학 등 다양한 학문 영역에서 (자신의) 목소리를 가진다고 주장해 왔는데, 이들 영역에겐 다소 불만스럽게 들릴지 모르지만 분명한 것은 벤야민 자신에게 가장 결정적인 분야는 미학이었다는 점이다. 그러나 한 가지 유의해야 할 점은 벤야민이 미학을 순수 예술의 한 분과로 보지 않고 그리스어 어원 애스테시스(aisthesis)에 따라 하나의 지각 이론으로 본다는 것이다. 미학은 새로운 주도적 학문이 되는 것이다. 현대는 점차 지각의 기능을 객관화해 왔고 그것에게 기술적 구조를 부여해 왔다. 틀과 도구가 실재 속으로 간섭해 들어오는 것이다. 그러나 이 말이 단순히 우리의 세계관을 기술적 장치가 점점 지배하고 있음을 의미하는 것이라고 이해되어서는 안 된다. 더욱 중요한 것은 우리가 실재를 지각할 때 종종 (현미경, 망원경, 텔레비전 등) 기계적 매개를 통해서만 지각하고 있다는 점이다. 이러한 틀은 세계의 "자연적" 면모를 왜곡시키고 있을 뿐만 아니라, 세계에 대한 우리의 지각을 미리 틀지운다

(präformieren). 이런 까닭에 이제는 지각 이론으로서의 과학적 미학이 하나의 매체 이론으로 정형화되지 않으면 안 된다. 벤야민의 매체미학은 영화에 초점을 맞춘다. 그러나 그 출발점은 이미지의 기계적 재생산이며, 글쓰기를 인쇄된 책으로부터 해방시키는 것이다.

서구 합리주의의 주도적 매체는 글쓰기이다. 그런데 근대에 이르러 문서에 심대한 변화가 일기 시작했다. 문서가 책을 떠나고 있는 것이다. 19세기 원사(原史)를 쓰겠다는 벤야민의 기획이 가능했던 것은 19세기가 유행·건축·선전 등 집단 공간이라 할 수 있는 신비 문자로 이루어진 이미지 문서(Bilder-Schrift) 속에 자신을 기록하고 있기 때문이었다. 이것들은 벤야민의 역사 쓰기에 있어 중대한 의미를 지닌다. 왜냐하면 그는 이것들을 판독하여 읽을 수 있는 이미지들로 여기기 때문이다. 현대에 주문을 거는 이미지 문서와 신비 문자들은 "광고, 상표, 광고물로서의 게시판들 속에 모습을 드러내고 있다"(V 282). 현대를 이미지 문서를 위한 화면으로 이해할 때, 호프만슈탈의 《바보와 죽음》(Der Tor und der Tod)에서 따온 구절 "읽힌 적이 없는 것을 읽어라"가 마치 격언처럼 다가온다.

벤야민은 현대의 대도시들을 플래카드의 세계 속으로 응결되는 자료의 홍수로 본다. 광고의 글자들은 문자 그대로 주의를 끄는데, 그것은 감촉적인 것이다. 그것들은 실제로 읽혀질 목적으로 씌어진 문서가 아니다. 그것들은 대중이 습관적·일상적 궤도를 따라 움직일 때 대중을 세차게 공격한다. 그리하여 책의 형식은 문화의 중심으로부터 밀려나버린다. 책들이 수평적으로 읽힌다면, 광고는 수직적으로 읽힌다. 책 속의 문서는 문자 그대로 문서이지만, 광고의 도형은 문서의 이미지이다. 광고는 전적으로 상품을 제시하는 역할을 한다. 반면에 벤야민은 도형 의존적 설명 방식의 발전 정도는 광고를 통해 측정된다고 믿으며, 광고야말로 참된 보급의 기초라고 여긴다. 왜냐하면 전시 가능성(Ausstellbarkeit)이야말로 효율적 진술이냐 아니냐를 재는 모든 주된 준거가 되기 때문이다. 이것의 목적은 명상하게 하는 데 있지 않고, 보는 사람들로 하여금 행동에 돌입하게 하는 데 있다. 그러나 이 말은 뭔가를 효율성 있게 구체적으로 설명하기 위해서는 출품과 진열 자체가 하나의 관찰 기능이지 않으면 안 된다는 것을 의미한다. 즉 하나의 실행이 되는 것이다. 이 관찰자는 더 이상 명상하는 게 아니라 연습하고 시험한다. 그러나 "(그를) 전시장으로 가게 하기 위해서는, 시각적 요소들이 제한받지 않으면 안 된다"(IV 560). 왜냐하면 시각이라는 감각은 보는 이로 하여금 거리를 갖게 하고 집중하게 하며, 그를 수동적으로 만들기 때문이다. 그러나 이와 대조적으로 진열을 통한 보급은 습관화와 파괴와 신체적 근접의 과정이다. 이것은 전시능력이라는 기준이 시각적 요소들 속에서도 감촉성의 우위를 관철해 낸다는 것을 의미한다. 이런 이유로 해서 벤야민은 되풀이해서 광고 효과의 책략과 충격을 강조하는 것이다.

　문서가 책으로부터 해방된 것은 이미지 재생산 기술에 의해 촉진되었다. 이것은 벤야민의 매체미학에서 최초의 사진에 의한 영기(靈氣)의 파괴라는 중대한 의미를 지닌다. 고속 셔터가 원시 사진기의 명암 사이의 흐름(Hell-Dunkel-Kontinuum)을 파괴해 버려, 거울 같은 정확한 기록이 이미지 (재)생산의 규범이 되어왔다. 사진기의 이러한 탈신화화 작업은 우리에게 분위기가 제거된 이미지와 탐정 수사처럼 정확하게 세세한 것들을 제공한다. 사진에 나타나는 장소들에는, 마치 범죄 장면처럼, 종종 사람들이 사라져버리고 없다. 이러한 이미지들은 전문가들의 "정치적으로 훈련된 시선"(II 379)을 끈다. 거울 같은 세목들에 의한 재생산은 실재의 "인간적" 요소들을 제거해 버린다. 벤야민에게 이런 것은 혁명적 정치학의 징표이다. 이는 역사 주체의 해방이 아닌, "영기로부터의 객체의 해방"을 의미한다(II 378).

그리하여 순수하게 기술적인 입장에서만 보더라도, 고속 셔터를 장착한 사진기로 거울 이미지를 기록하는 것은 세계의 탈영기화를 부른다. 그러나 현대 세계의 탈영기화된 지각은 본질에 있어서 그 세계에 대한 인식을 가져다주지 않는다. 만약 사진술이 역사적 인식의 매개체가 될 수 있으려면 순전한 재생산적 기능을 극복하고 초월하여 어떤 구성적 기능을 발전시키지 않으면 안 된다. 이런 이유로 해서 사진 몽타주와 이미지 문서는 벤야민의 매체 이론에서 핵심적인 역할을 한다. 벤야민에게 있어 중요한 것은 "범죄 장면"으로서의 세계에 대한 이미지가 정치적으로 기능하게 된다는 점이다. 그 범죄 장면의 "문학적 스펙트럼"은 양극단으로 극단화되어 세목들에 대한 사진과 전체 구조에 대한 계획으로 이루어진다. 이것들은 "더 이상 책의 형식으로 강요될 수 없는" 인식 형식이다(IV 357). 정치적 사진술은 책의 표지를 떼어버릴 뿐 아니라, 사진에게 (그것이 있어야 할) 구성적 위치를 할당해 준다. 왜냐하면, 브레히트가 적시한 바와 같이, 실재가 기능적 역할 속으로 빠져들고 만 이래, 거울같이 정확한 기록은 본질적으로 사진 인식에 이르지 못하고 만다. 원칙적으로 현존(Dasein)은 기능적이면 기능적일수록 사진에 덜 적합하게 된다. 왜냐하면 관계와 기능은 현대에 와서 더욱 중요해졌고 사물과 실체를 대체해 버림으로써, (시각적) 표상을 회피하기 때문이다. 그럼에도 불구하고 이들 (관계와 기능)을 (그리고 이들을 통해 자신을) 사진으로 나타내기 위해서는 특별한 준비가 요구된다. 그래서 문자 그대로 빛에 의한 글쓰기인 사진술은 구성적 기술이 되지 않으면 안 된다. 이것은 정확히 사진술이 인간으로부터 분리되는 정도만큼 가능해진다. 사진기의 조율 렌즈는 시각적 의미를 "자연적" 광학의 영역, 즉 인간의 눈의 영역으로부터 해방시킨다. 이처럼 사진기의 "반신체적" 관점으로부터 바라보는 이 "지각 목록들에 대한 위대한 재조명"은(III 151) 우리의 습관과 게으름이 세계의 제 형식들에 쓰였던 베일을 벗겨버린다.

이와 같은 방식으로 매체 기술은 우리의 시간 지각을 조직하며, 이제 이로써, 보는 행위는 여러 시간들의 몽타주가 되어버렸다. 바라보기는 하나의 운동 과정으로서 명상의 가상적 평화를 파괴해 버린다. "게다가 새로운 실재는 나타날 준비를 하지만 누구도 이에 대해 개인적 의견을 갖는 책임을 떠맡을 수 없다. 우리는 렌즈에 호소하게 된다"(V 833). 기분·영혼·영기 등은 렌즈 앞에서 움츠러들고 만다. 그러나 환상의 베일이 찢겨지고 나면, 질료의 구조 자체는 가시권 안에 들어오게 된다. 그리하여 벤야민의 매체미학에서는 사진이 탈신화화된(entzauberten) 세계의 예언자로서 나타난다.

벤야민은 매우 사실적이고 기술적인 문맥에서도 "알레고리"니, "변증법적 이미지"니, "문학화"니 하는 용어들을 사용한다. 여기에서 그는 자신의 매체미학의 분석적 한계에 도달한다. 왜냐하면 원칙적으로 그는 매체를 문서로 환원하고 있기 때문이다. 이 과정에서 그는 개별적 타인에 이르는 개별적 매개의 통로를 보장해 주는 공적 담론의 보편적 문학화라고 하는 현 시대의 요구에 부응하고 있는 것이다. 그러나 이러한 생각은 동시에 그의 비극론의 핵심적 동기와 연관되어 있으니 그것은 "감각적 사물의 폭로"로서의 이미지 문서이다. "알레고리 작가는 '사진의 배후에 있는' 존재를 표상하지 않는다. 그는 그림의 전면에 있는(표상된 사물의 본질을)… 문서(Schrift)로서, 하나의 서명(Unterschrift)으로서 끌어낸다"(I 360 이하). 벤야민은 이 과정을 자신의 현대의 원사에서 분절해 내고 있다. 즉 상품 물신성을 19세기를 주도했던 마술적 환각 세력이라고 분석할 때, 그는 바로크 알레고리 작가들의 이론적 틀을 사용한다. 이러한 맥락에서만 우리는, "중앙 공원의 파편들"에 언급된 본질적으로 수수께끼 같은 문장, 그러나 그가 현대를 구성하는 데 있어 중요한 의미를 지니는 구절인 "상징은 다시 상품으로 돌아온다"를 이해할 수 있게 된다(I 681). 바로 이 때문에 19세기는 판독되고 씌어질 수 있게 된다. 이제 그는 기술적으로 재생된 이미지들을 동일한 맥락 속에 정초시킨다. 이들 이미지 역시 표상의 구성적 원리로 보이는 상징 체계에 복속된다. 고정된 이미지가 관찰자의 연상 과정에게 충격적인 정지를 명령할 때 그림 표제가 나선다. 그리하여 벤야민에게 정치적으로 계몽된 사진술이 가능해지는 것은 오직 지속적 문학화 과정을 통해서이다. 왜냐하면 오직 "그림 표제만이… 마치 점화 심지처럼 뒤범벅된 이미지들 속으로 비판적인 불꽃을 댕기기 때문이다"(III 505).

매체미학에 대한 벤야민의 모든 통찰은 영화 이론에 유입된다. 영화야말로, 1800년에 시작되어 이제는 더 이상 "고전적" 현대라는 개념으로는 적절히 기술해 낼 수 없게 된, 지각의 기술적 진화가 당도한 종착지이다. 문체는 유행으로, 예술은 광고로 대체되고,

"영상적 실재"가 미적 환상의 자리를 대신한다(V 1026). 영화는 새로운 시간 지각의 교육장이며, 여기에 더 이상 "생성 발달"이란 존재하지 않는다. 용암(溶暗, Überblendungen)[1]과 몽타주 기법을 수반하는 이 새로운 경련적 리듬은 선택의 원리로 작용하는 "화젯거리"(Sensation)에 의해 좌우되는 뉴스와 자료들의 흐름에 상응한다.

벤야민이 영화가 매체미학에서 각별한 의미를 가진다고 보는 까닭은 쉽게 이해할 수 있다. 영화가 가지고 있는 기술적 특이성은 정확히 현대의 형식 문제들에 상응한다. 그리하여 벤야민은 영화는 "오늘날의 기계 속에 미리 틀 잡혀 들어가 있는 모든 형식의 관찰과 속도, 리듬들을 풀어내는 것이며, 이로써 현대 예술의 모든 문제들은 영화의 맥락에서만 그것들의 결정적인 정형을 찾게 된다"고 정의한다(V 498). 이 정의에 등장하는 "모든 형식의 관찰"이니 "[배자(胚子) 속에서의] 미리 틀 잡힘"이니 "정형"이니 하는 용어들은 상호간에 긴밀히 연결되어 기술적 표준, 지각의 변화와 매체 이론 간의 엄밀하고 객관적인 연관성을 가리키고 있다. 이것을 바로 형식의 상호 관계라고 하는 것은 얼마나 자명한 일인가. 따라서 벤야민은 형식이란 "순수하게 사실적으로 제기된 문제의 논리적 해결"을 위해 자연이 주는 "보상"이라고 이해한다. 그러나 현대의 모든 진단을 위해 이것이 의미하는 바는 "우리 시대에 중요해져 가는 형식은 기계 속에 숨겨져 있다"는 것이다(V 217). 그리하여 현대에는 세계와의 연관을 갖는 자연적 형식이 더 이상 사람 안에 있지 않고 기계와 매체 테크놀로지 안에 있다. 이

---

1) fade out과 같이 광도를 줄여나가는 기법이다—옮긴이 주.

것은 동시에 새로운 매체와 테크놀로지가 자연스런 형식의 세계-
내-존재(In-der-Welt-Sein)로서 채택될 때 자유로운 사용이 가능해
진다는 것을 의미한다. 이런 의미에서 벤야민의 매체미학은 그 자
신을 "기계로부터 자연스런 결과를 이끌어내는" 것을 안내하는
지침이라고 자임한다(II 1506).

저속도 촬영과 근접 촬영에서는 영화 기술상의 새로운 기계들
이 이용되고 있다. 이 새로운 기계들은 시공 세계와 관찰자의 관
계를 "반신체적으로" 변경시킴으로써 존재하는 것들을 일련의 충
격들로 변형시킨다. 그리하여 영화는 현대의 기계 속에 미리 틀
지워진 지각 형식을 개발한다. 그것은 지각된 것의 의미를 해석한
다기보다 지각 자체를 심화시킨다. 영화는 그의 이미지 파열
(Bilderstöße)에 의한 충격을 통해 단절의 시대를 사는 현대의 절
박한 요구에 조응한다. 같은 방식으로 신문은 지속적인 독서를 중
단시키고, 대도시 교통은 "자연적인" 인간적 운동을 중단시킨다.

현대의 기계적 세계는 감각 중추를 영화에 적합하게 만들어놓
는다. 그러나 오관이 가동될 때마다 시각은 촉각에게 그의 우위를
양보한다. 사람들은 영화로부터 그들이 파경에 처해 있을 때 단절
을 수용하는 법을 배운다. 오늘날 수용한다는 것은 충격을 일상적
인 일로 만들어버리는 것을 의미한다. 세계와의 원근법적 관계에
서 생기는 거리는 객관적 근접성에게 자리를 내주고 만다. 그리하
여 비판의 최후 시간이 도래한 것이다. 왜냐하면 비판은 원근 감
각을 필요로 하며 적정 거리를 필요로 하기 때문이다. 비평은 여
전히 어떤 관점을 취할 수 있었으며 독립적 관찰자의 공평무사함
을 누릴 수 있었다. 그러나 이제 그 어느 것도 "영상적 실재" 앞
에서는 더 이상 존재하지 않게 되었다. 벤야민은 "비평의 퇴조를

한탄하고 있는 바보"를 조롱할 뿐이다(IV 131). 감촉성과 근접성
은 좋은 시력과 비판 의식을 대체해 버렸다. 벤야민은 영화를, 니
체가 이미 바그너(Wagner)의 예술의 종합을 두고 말했던, "미학적
관객"이 다시 태어나는 장소라고 정의한다. 그것은 비평을 무용한
것으로 만들어버린다. 영화는 부르주아 예술 작품처럼 이론적 판
단의 대상이 아니라 오히려 실천적 활동의 도구인 것이다. 벤야민
의 미학적 관객은 심사(test)한다. 새로운 매체와 기술이 실재 속
에 (이미) 스며들었기 때문에 우리는 세계를 보기 위하여 이 기
구들을 "혁신"하지 않으면 안 된다. 그래서 영화의 세계 이미지는
통제 가능하며 조작 가능하게 된다. 사진기가 이미지의 세계를 잘
게 토막냄으로써 사진기의 환상은 사용할 수 있게 된다. 이 이미
지들 속에서 우리 자신을 상실하는 일은 더 이상 없게 된다. 그
이미지들이 내면성을 쫓아내버리는 것이다.

벤야민이 자신의 매체미학을 감촉성 개념에 의해 엄격히 정향
시킨 것은 리글(Riegl), 뵐프린(Wölfflin), 피들러(Fiedler), 폰 힐데
브란트(von Hildebrandt) 등의 미학 연구로 거슬러올라간다. 이러
한 형식 미학적 탐구가 순수한 관념사 내에 어떤 이정표를 세운
것은 아니지만, 벤야민으로 하여금 "인간 지각 기관에 일어난 (급
진적인) 기능적 변화"(I 1049)를 기술할 수 있도록 하는 이론적
틀을 제공하고 있다. 대중의 파손된 지각은 이제 전적으로 촉감에
의해 지배당하는 미학(aisthesis)의 새로운 모델이다. 그것은 영화
에서 완벽히 실현된다. 그것은 충격적 근접성, 즉 감각의 원리를
가동시키는 것이다.

영화 촬영은 분명히 하나의 간섭이다. 그것은 대상에 외과적으
로(operativ) 침투해 들어가서 대상으로부터 하나의 이미지를 얻

어낸다. 좀더 정확히 말하면 영화 촬영 기기들은 "주어진 상황의 세포 조직 속으로까지 깊이" 파고듦으로써(I 458), 모든 이미지는 그 매체 자체의 흔적을 지니게 된다. 그러나 이러한 외과적 침투는 또한 이전에 인간의 인식을 회피했던 공간적 구조에 대한 지각을 가능하게 하기도 한다. 영사기가 이 실재에 침투할 때 동원되는 기술적 수단들은 근접 촬영, 고속 촬영, 화면 고정(Stoptrick), 그리고 몽타주 등이다. 이때 핵심적인 것은 영사기가 작가의 의식에 의해 지시받는 게 아니라, "렌즈의 지시"에 복종한다는 점이다. 영사기는 "감각적 지각의 정상적 스펙트럼"을 초월한 "또 다른 본질"을 열어준다(I 461). 벤야민은 정신 분석의 성과에 비유하여 재생산의 매체가 "무의식적으로" 침투하는 이 공간을 광학적 무의식이라 부른다. 왜냐하면 영사기의 눈은 이제까지 불분명하게 보였던 것을 분명하게 해주는 것이 아니라, 알려진 현상 속에 이제까지 알려지지 않은 채로 있던 구조 상태를 폭로하는 것이기 때문이다. 그리하여 영사기는 "프리즘의 일"을 수행한다(II 753). 영사기는 회색의 일상적 주변 환경을 분쇄하여 유의미하고 감각적 지각이 가능한 분광(分光)의 색채들로 바꾸어놓는다. 이것을 정형화해서 말하면, 영사기의 업무는 사물 세계의 정신 분석화라고 할 수 있을 것이다. 영사기의 시선만이 세목들의 지옥을 제대로 보는 눈을 가지고 있다.

벤야민은 영화를 기억에 의해 기록된 모든 것을 해체시키며 친숙한 것들의 망을 분쇄해 버리는 매개체로 여긴다. 과거에 일어났던 것들은 빠른 속도로 선사적(先史的)인 것으로 되어버린다. "잠과 깨어남에 의해 다양하게 무늬를 짜고 판을 짜게 되는 의식의 조건"(V 492)은 영화에 의해 충족된다. 벤야민은 집단적 꿈을 표상해 내는 힘 또한 영화에서 찾는다. 사실상 영화에 등장하는 크고 작은 재앙들 속에서, 파시즘에 직면해 있던 그는 절박한 집단적 정신 질환에 대한 치료적 전망 즉 "무의식의 치유적 혁파"를 본 것이다(I 462).

이러한 통찰이 멋진 것으로 들릴지 모르지만 이는 그의 매체미학이 세계 대전과 파시즘의 원상으로부터 태어난 것임을 반증한다. 1차 세계 대전 때 대중 매체는 경험과 기억을 대체해 버렸다. 과거 사건들은 더 이상 기억의 심층부에 남아 있지 않고 사진 보관소의 표면 위로 부상해 있었던 것이다. 경험 이론의 관점에서 볼 때, 세계 대전은 철저히 비서사적이다. 그것은 삶을 충격의 연속물로 바꾸어놓는다. 세계 대전에 저항하는 어떤 인간도 더 이상 그것에 필적할 수 없으며, 단지 세계 대전을 기록하는 기계들만이 그것에 (걸맞는) 상대가 된다. 세상적인 것이 "기계 앞에서" 가지는 지위는 이제 "신 앞에서의" 종교적 (인사의) 지위만큼이나 전폭적인 것이 되어버렸다.

문화 비평가들은 줄곧 영화가, 충격과 감각의 원리 그리고 직접적 접촉성과 신체적 근접성의 원리를 통해, 현대인을 "세상적 방식"의 규범에 이르도록 소외시켜 버린다고 비판해 왔다. 벤야민은 이러한 결론을 거부하는 것은 아니지만, 그것에 변증법적 변형을 가한다. 그에 의하면 영화가 이룬 최대의 업적 가운데 하나는 자기 소외를 하나의 생산적 힘으로 본 것이었다. 이것의 한 예가 영화 배우의 연기이다. 왜냐하면 그의 몸과 행동이 촬영팀의 지시에 따른 일련의 "적성 검사"에 굴복하기 때문이다. 그리고 나서 배우는 이제 많은 관객들 앞에서 인간이 어떻게 "기계의 면전에서"(I 450) 바로 그 완벽한 자기 소외를 이용하여 자신의 인간성을 주

장할 수 있는지를 입증하게 된다. 그리하여 벤야민에 의하면 영화
는 기계와 대중 앞에서의 자기 표상이라는 완전한 자기 소외를
통하여 인간성의 재생을 위한 전망을 열어놓게 된다.

　모든 새로운 매체들의 특성은 그들이 기계 앞에서의 인간의 자
기 소외를 생산적으로 사용하는 법을 알고 있다는 점이다. "인간
들은 영화 속에서의 자신의 걸음새나, 축음기 속에서의 자신의 음
성을 식별해 내지 못한다"(II 436). 그러나 이러한 심상들은 벤야
민이 이 모든 매체미학에 대한 통찰을 얻을 때 일반적 "문학화"
(Literarisierung)를 희생시킬 수밖에 없음을 보여준다. 왜냐하면 그
는 이 매체미학을 문학적 등가물, 즉 카프카 산문의 등가물이라고
해석하기 때문이다. 그는 카프카의 산물들을 "무성 영화와 통합된
최후의 교재"라고 여기고 있다. 따라서 무성 영화야말로 우리가
영화 대본을 가장 잘 배울 수 있는 참된 교실이 될 것이다. 카프
카와 채플린(Chaplin)의 작품들은 독점적 착취 과정이 무성 영화
에게 하사한 사진과 유성 영화 간의 "집행 유예 기간"(II 1257)
동안에 생겨난 것인 셈이며, 벤야민은 이들의 작품들에서 자신의
영화 이론을 읽어내고 있는 것이다.

제8장 오늘날의 맥락에서 본 벤야민

철학은 계몽기를 지나는 동안에 그의 신학적 차원을 상실했다. 최근 스탈린주의 안에서 일고 있는 글라스노스트(Glasnost)와 페레스트로이카(Perestroika)를 통해 철학은 또한 그의 사적 유물론적 차원 역시 잃고 만 듯하다. 이 마지막 장에서 우리는 신학적이자 유물론적인 성격을 띠고 있는 벤야민 철학의 의미심장한 부분이 우리에게 주는 의미가 무엇인가 하는 문제를 검토해 보려고 한다.

이런 목적을 위해 우리는 우선 오늘날 가장 중요한 문화 철학자로 꼽히는 세 사람, 위르겐 하버마스(Jürgen Habermas), 리처드 로티(Richard Rorty), 그리고 장 프랑수아 리요타르(Jean-François Lyotard)의 철학을 요약하려고 한다. 우리는 이들이 저마다 지니고 있는 입론의 복잡성을 과감히 제거한 채 간략하게 살펴보고, 주로 언어의 개념에 초점을 맞추어보려 한다.

이런 작업을 할 때, 우리는 제 철학들을 비교 기술하는 일에는 심각한 문제성이 내재되어 있음을 익히 알고 있다. 모든 독창적인

철학자들은 자신의 철학이 실재를 포괄적으로 기술하고 있다고
주장하기 때문에 (따라서) 필연적으로 이러한 기술은 전적으로
진리이거나 또는 전혀 그렇지 못하다는 사실 등을 차치하더라도,
지난한 혹은 해결 불가능한 더 큰 문제는 이들 철학들이 저마다
극도로 상이한 정치적·사회적 조건 아래에서 생겨났거나 현재
그런 조건 아래서 생성 중이라는 것이다. 철학적 사유에 대한 환
경의 영향을 과도하게 평가하지 않는다 하더라도, 각각의 사유 구
조가 그들의 정치적·사회적 맥락에 조응하고 있다는 점만은 여
기에서 다루어지고 있는 방법론들에서 명백히 드러나게 될 것이
다. 물론 바로 이 점이 철학을 그럴듯하게 하기는 하나, 그런데도
철학은 동시에 그것이 역사적·민족적 차이를 능가하는 진리를
주장할 수 있는가 하는 문제를 제기한다. 앞의 장들에서 우리는
벤야민의 철학과 관련하여 이 질문에 대한 대답을 제시했다. 우리
는 이제 이 핵심적 주제가 앞서 언급한 오늘날의 관점들과 대비
하여 어떻게 정의될 수 있는지를 보려고 한다.

《현대성의 철학적 담론》(*Der philosophische Diskurs der
Moderne*)에서 하버마스는 철학이 19세기 초엽부터 그 자체에게
부여해 온 과제들이 무엇인지를 간명하게 요약하고 있다. 철학의
목표는 처음에는 "화해적 자아 인식"(versöhnende Selbsterkenntnis,
헤겔)이었고, 그런 다음에는 "해방적 전유(몰수)"(befreiende
Aneignung, 좌파 헤겔)와 "보상적 기억"(entschädigende Erinnerung,
우파 헤겔)이었다. 하버마스에 의하면 우리의 판단을 형성하고 우
리의 행위를 정당화하는 수단으로서의 이성 개념은 철학적 자기
이해의 앞의 세 가지 관점 모두에 있어 여전히 핵심적인 것이다.

이성의 중심적 역할은 시민들이 정치적 의견 형성 과정에 참여하는 것과 개인적 관심의 표상을 가능하게 하는 것(두 가지)으로 확인된다. 이것은 일찍이 사회 통합의 역할을 담당해 왔던 신학적 차원의 의미가 세속화에 의해 상실되었을 때 시민들에 대한 보상의 역할을 담당해 왔다. 그 후 등장한 것이 니체였다. 개체에게 집중되어 있던 합리성 개념을 내재적 비판에 복종시킬 것인가 그 (합리성) 개념 전체를 포기해 버릴 것인가 하는 선택의 기로에서서, 그가 택한 것은 후자였다. 그리하여 그는 극단에 있어 파멸적일 수 있는(höchst unheilvoll) 담론과 사회적 역동성을 (속박으로부터) 풀어놓는다. 니체가 바그너를 택하는 것—이것은 정치 대신 예술과 신화를 택하는 것을 의미하는데—은 필연성을 띠는 철학적 · 정치적 담론이, 하이데거로부터 바타이유(Bataille)를 거쳐 푸코(Foucault)와 데리다(Derrida)에 이르는 현대의 형이상학자들이 주장해 온, "특수 지식"(Sonder-wissen)에의 정향에 의해 대체되어 버리는 것을 의미했다. 즉 "이성 이외의 어떤 것"에 대한 관심을 촉발시킨 것이다.

하버마스에 의하면 이 특수 지식을 주장하는 자들은 수행적 모순을 범하고 있다. 왜냐하면 우리는 검증될 수 있는 지식으로써만 "지식"을 논할 수 있기 때문이다. 더구나 계몽이 "이성의 테러리즘"을 촉발시켰다는 주장(리요타르)은 진정한 테러리즘은 우리가 이성에 씌운 한계 때문에 그 발판을 구축하게 된다는 사실을 오해하고 있다. 국가 사회주의가 극명하게 입증한 바 있듯이, 신화와 열광에 빠지게 되면 우리는 곧 제어할 수 없는 지경에 이르게 된다.

이러한 배경으로부터 우리는 하버마스가 그의 《의사 소통 행위 이론》(*Theorie des kommunikativen Handelns*)에서 해명하고 있는 현대 학문, 철학, 사회의 근저에 놓인 자기 이해를 어렵지 않게 규명해 낼 수 있을 것이다. 과학과 철학이 발달하고 민주 사회의 수호가 가능하려면 목표 설정과 규범과 가치에 관한 논증적 담론이 요구된다. 이러한 담론의 기초와 정당화를 결코 어떤 형식의 특수 지식이나 직관, 자기 성찰에서 찾아서는 안 되며, 존재(das Sein)나 원리에 의존해서도 안 된다. 우리가 수행하는 일상적 의사 소통은 검증 가능성과 무전제성의 기본적 기준을 충족시키고 있다. 이는 우리가 말할 때는 언제나 이상적으로 [하버마스의 말대로 반현실적으로(kontrafaktisch)] 세 가지 조건을 충족시키고 있다는 것을 의미하는데, 첫째로 우리는 진리를 말하고 있으며, 둘째로 보편적으로 수용된 규범을 최대한 준수할 것임을 세상 사람들에게 알리고 있으며, 셋째로 자신이 말하고 있는 것이 진실된 것임을 보인다. 여러 가지 교차 증명을 통해서 하버마스는, 우리가 비록 항상 이러한 조건들에 걸맞게 살고 있지 않음을 알면서도 우리는 "짐짓"(Als-ob) 그렇게 하고 있는 듯이 행동하지 않으면 안 된다는 것을 쉽게 입증해 보인다. 그렇지 않을 경우 모든 담화는 무의미해지고 말 것이다. 이처럼 논증적 담론을 철학적 성찰과 정치적 실천의 기초로서 강조하는 것은 미국적 사유로부터 연원하는 것이며, 이른바 "언어적 전환"이라고 알려져 있다. 후자에 대한 열렬한 옹호자 가운데 하나로 리처드 로티를 들 수 있는데, 그는 이 작업을 진부했던 초기 언어 분석 철학에서 자극적인 문화 비평으로의 전환으로 이해한다.

최근작 《우연적 일치, 반어, 공동 일치》(*Contingency, Irony, and*

Solidarity)에서 로티는 하버마스가 지나친 선을 행하고 있으며, "옛 유럽적"[alteuropäischen, 루만(Luhmann)] 합리성 개념에 집착하고 있다고 비난한다. 이것은 우리의 판단과 행위를 정당화할 최종적 판단 기준이 있을 수 있고, 그것이 실재하며 적용 가능함을 옹호하는 것이다. 로티에게 이것은 지나친 주장일 뿐이다. 그는 지난 천 년 동안 공고한 철학적 근거를 가진 것으로 알려졌던 모든 기준들이란 결국 시공적 조건에 좌우되는 견해들의 일반화일 뿐이었음을 입증하는 일은 어렵지 않다고 믿는다. 그의 말대로 표현한다면 그것들은 맥락 연관에 의해 규정되는 것들이며 간주관적(間主觀的, intersubjektive) 구속력도 보편적 타당성도 주장할 수 없는 것들이다. 로티에 의하면 우리가 뮌히하우젠(Münchhausen)식[1] 능력 발휘에 의해 우리의 맥락 연관을 뛰어넘는 일은 전혀 있을 법한 일이 아니다. 사리(事理)가 이러한 한, 자신의 맥락 연관을 절대화하지 말아야 하며, 타인의 맥락 연관을 자신의 것보다 열등하지 않은 것으로 존중해 주는 것은 바람직한 일일 것이다. 이제 우리는 다양한 학문과 문명의 표상들을, 이들 간의 어떤 위계 질서를 만들려는 강박감을 느끼지 않고, 단지 인간 조건의 상이한 기술들로 여길 수 있게 된 것이다. 우리는 이제 심지어 학문과 철학이 진리의 문제에 직면하여 어떤 특권도 가지고 있지 않음을 시인하지 않으면 안 된다. 회화와 시작(詩作)에 못지 않게 음악에도 진리가 있다. 그리고 더 이상 철학에는 진리가 있지 않다.

장 프랑수아 리요타르 역시 언어철학에 기초하여 철학적 전통

---

1) 1797년경에 활동하던 독일의 가공 모험담 작가—옮긴이 주.

에 비판을 가하고 있다. 《포스트모던의 지식》(*Das postmoderne Wissen*)에서 언급하고 있는 바와 같이 그의 기본적 사유가 주로 다루고 있는 것은 계몽, 관념론, 마르크시즘 등의 "대서사"(大敍事)이다. 이들에 담겨 있는 정치적 억압, 무지, 빈곤으로부터의 인간 해방이라는 의도는 실제에 있어 실천적으로 더 많은 테러를 되풀이하여 유발시켜 왔다. 그래서 로티와 마찬가지로 리요타르도 어떤 포괄적 질서 체계나 원리를 다시 실험하는 따위의 일은 바람직한 일이 아니라고 믿는다. 우리의 세계가 이질적이라는 사실을 깨닫고 받아들이는 것이 더 나은 일일지 모른다. 이것은 곧 헤겔 변증법적 범례에 따라 전통 철학의 체계 이론들이 했던 것처럼 모순을 해소하고 동질성 속에 내재하는 이질성을 파괴해 버리려 해서는 안 된다는 것을 의미한다.

리요타르는 최근의 주저 《갈등》(*Der Widerstreit*)에서 이러한 역사적·실천적 선택의 문제에 철학적 증명을 가한다. 그는 통설적으로 실제의 규칙성을 반영하는 매체로 알려진 언어 그 자체가 실은 몹시 이질적임을 입증할 수 있다고 주장한다. 리요타르는 철학적 담론, 자연과학적 담론, 법률적 담론 등 담론의 다양한 양식(genres de discours)뿐만 아니라 질문하기, 명령하기, 기술하기 등 다양한 담화 방식(régimes des phrase)을 구별하고 있다. 우리는 항상 다른 사람들이 말하고 행동하는 것에 어떤 방식으로든 반응하지 않으면 안 된다. 그러나 그렇다고 해서 우리가 상대방이 시작한 방식을 그대로 따라야 한다고 규정되어 있는 것은 아니다. 예를 들면 우리는 어떤 명령에 대하여 반어(풍자)나 담론을 동원하여 위계 질서에 대응할 수 있는 것이다. 요컨대 언어 그 자체는 모든 다른 형식의 담론들을 관장하는 메타 담론을 가지고 있지 않다. 언어는 본질에 있어 철저히 이질적이다. 이러한 주장의 결론이 리요타르에게 의미하는 것은 인권이니, 계몽이니, 해방이니 하는 포괄적 이념은 결코 철학적으로 정당화될 수 없다는 것이다. 그러나 분명히 해두어야 할 것은 리요타르가 종종 비난받고 있는 것처럼 이러한 이념들을 가치가 없다거나 실천에 옮겨서는 안 된다고 생각하지 않는다는 점이다. 그는 단지 이러한 이념들을 보편적으로 타당하다거나 이성적으로 증명 가능하다고 여기지 말아야 한다고 경고하는 것이다. 이러한 생각에 빠질 때 대안적인 표상들과 정당화 방식들에 대해 어떤 식으로든 결코 정당화될 수 없는 억압을 초래할 것이다.

리요타르가 반복해서 지적하고 있는 언어의 이질성은 이성의 이질성에도 반영되어 있다. 리요타르에 의하면 칸트가 순수(이론적) 이성, 실천적(도덕적) 이성, "심미적" 이성에 관하여 세 비판서를 저술했던 것이 그 전형적인 예이다. 체계적인 의미의 어떤 포괄적 성찰도 있을 수 없는 것이다. 물론 이들 사이에 아무런 공통적 전거점이 없다고 말하는 것은 아니다. 리요타르는 이 점을 사건의 발생 여부(arrive-´t-il?)점이라고 부른다. 그곳에 무슨 일이 일어날지 모른다고 하는 것에서, 기존의 규칙을 따르기보다 스스로 새로운 규칙 체계를 창조하는 존재로서의, 예술 작품 또는 학문이 실현된다. 그리하여 예술가들은 지고한 무엇에 관련하여, 그리고 철학자는 "문장"(phrase),[2] 즉 말로 설명되지 않는 문장에 관련하여 무언가를 암시하게 된다. 리요타르에 의하면 우리는 사실상, 무한성 등과 같은 경우에서 보듯이, 지고성에 관한 개념은 가지고

---

2) 랑그와 파롤 중에서 랑그의 차원에 해당되는 말—옮긴이 주.

있으나 그것에 대한 직관(Anschauung)은 없다.[3] 지고성의 경험은 우선적으로 우리를 놀라게 한다. 왜냐하면 그것에 직면할 때 우리의 감각적 직관은 무력함을 드러내기 때문이다. 그런데도 칸트에 의하면, 우리는 물질적 사물의 영역 위로 들어올려진 예지적 존재이며, 이러한 우리의 지위는 우리의 이성 때문이다. 우리의 감각적 직관의 한계에 대한 불쾌감은 동시에 (우리가 이성적 존재라는 사실과 관련한) 쾌감을 동반한다. 리요타르는 독특하게 인간의 자아 실현을 이러한 비주관적 차원에서 찾는다. 이런 까닭에, 더 나아가 그는 의사 소통이 도덕적 행위의 전제라고 주장하는 로티가 오류를 범하고 있다고 비판한다. 인간은 도덕적인 의미에서도 개별적으로 격리되어 있다. 인간은 동료 인간과 대면해 있는 것이 아니라, 도덕 법칙과 일 대 일로 대면해 있는 것이다. 인간이 도덕적으로 행동할 의무를 느끼는가의 여부는 그 자신이 그 자신을 전혀 다른 법 체계에 사로잡히게 하고 있는가의 여부(그런 일이 발생하고 있는가?)에 달려 있다.

그리하여 오직 우리 자신은 문제들을 능동적으로 우리의 통제 아래 두고 있다는 생각과, 우리가 특정 규범의 타당성에 관하여 타인과의 논증적 담론을 통해 의견 일치에 도달해야 한다는 생각을 버릴 때에야 비로소 인간의 행위는 성공할 수 있게 된다.

이렇게 전 과정을 살펴오는 동안 우리는 이 다양한 철학들을 서로 비교한다는 것이 얼마나 의미 있는 일일까, 또는 심지어 그런 일이 가능하기나 한 일인가 하는 익숙한 질문에 봉착하게 된

---

3) 객관적 경험의 술어로 설명해 낼 능력은 가지고 있지 않다─옮긴이 주.

다. 이런 비교라는 게 필경 렘브란트(Rembrandt)가 피카소 (Picasso)보다 더 나은 화가인가 아닌가 하는 질문과 같은 것에 근거해 있지 않은가? 이런 유의 질문에 대답이 있을 수 없다손 치더라도, 적어도 각각의 방법들과 주제들을 좀더 엄밀히 규정하려는 것이나, 이 방법들이 주제화된 대상에게 적합한 것임을 입증하려는 시도는 가능해 보인다. 그러나 이러한 최소한의 시도조차도 주제 자체가 객관적으로 주어지지 않는다는 어려움에 직면하게 된다. 우리가 만일 마리 헤세(Mary Hesse)에 의해 되새겨진 괴테(Goethe)의 통찰, 즉 이미 어떤 이론의 형식을 빌려 주어지지 않은 실재란 없다는 명제를 받아들이기로 한다면, 구체적인 한 예로 "언어"야말로 하버마스, 로티, 리요타르, 또는 벤야민 등에게 있어 동일한 것이 아니다.

하버마스의 언어에 대한 관심사는 물질적·상징적 의미의 개인적·사회적 재생산 영역에서 공통된 실천적 목표 설정에 대하여 타인과 더불어 이해에 도달할 수 있다는 점이다. 이것은 논증적으로 수행되는 담론의 제도화를 요구한다. 그런데 이 제도화는 항상 그 자체가 목적(Verselbstständigung)이 될 위험에 빠진다. 이런 일이 발생하면, 하버마스가 정부 조직이나 노동 조합 등과 같은 거대 정치 사회 제도들을 두고 일컫는, "체계"가 "생활 세계"에 기생하게 된다. 사회적 갈등은 본질적으로 생활 세계로부터 생겨난다. 즉 앞서 언급한 진리 검증 가능성, 규범과의 일치성, 진실성 등 세 가지 준거가 승인되는 "일 대 일"의 상호 작용으로부터 연원한다.

그리하여 하버마스는 "실천적 의도를 가지고" 철학을 수행한다. 예를 들어 앵글로색슨 철학 영역의 언어철학적 정리들을 포괄적으로 논할 때, 그는 자신의 전제에 대한 근본적 가정(Grund-lagenannahmen)과 실천적 마무리(praktischer Ausarbeitung)를 구분한다. 그러나 그는 언제나 그 철학적 정리들이 지니고 있는 사회과학 혹은 사회적·정치적 맥락에서의 실천적 적용 가능성을 염두에 두고 분석을 수행한다.

하버마스의 언어 개념에 담긴 이러한 구성적 의도는 로티에게 전혀 낯설기만 하다. 로티에게 "언어"는 상호 작용적 의사 소통과는 아무 상관도 없으며, 더구나 그런 맥락에서 하버마스가 항상 염두에 두고 있는 합의와는 더욱 무관하다. 합의는 어떤 고정된 내용을 쉽사리 확정해 버리는 것일 수 있다는 비판에 대해, 그것은 단지 특정 내용으로부터 자유로운 절차를 의미하는 것일 뿐이라고 반론하는 하버마스에 대해서도 로티는 의심의 눈길을 보낸다. 로티에 의하면, 이 경우에도 우리는 다양한 기술(記述)과 상이하게 분절되는 경험 유형들을 무시한 채 하나의 언어, 그것도 발화적·논증적 언어만의 독점을 확립하거나 적어도 그것에게 특권을 부여하려는 절차로 위장한 시도를 볼 뿐인 것이다. 그러나 로티에 의하면 중요한 것은 여러 언어들의 수용을 위한 단 한 가지 기준, 즉 언어들이 다른 언어들에 의해 자신이 해체되는 것을 용인할 것인가, 혹은 적어도 그들과 공존할 수 있는가라는 단 한 가지 기준이 있다는 사실을 받아들이는 것이다. 이런 까닭에 전체주의적 언어들이 배격될 수 있는 것이다. 문화가 해야 할 과업은 언어들의 다양성이 최대한 가능하도록 자극하는 일이다. 이것이 로티가 말하는 제도화되어서도 안 되며 도덕 법칙에 의해 강요될 수도 없는 사회적 목표, 즉 사회적 결속의 확보가 더욱 공고해지는 최선의 길이다.

앞에서 보았듯이, 리요타르에게 "언어"는 일차적으로 메타 언어에 의해 종합될 수 없는 구술적 암호들의 복합체이다. 이런 관점에서는 실천적으로 적용될 전망은 배제된다. 더 나아가 그것이 지닌 어떤 잠재적 전거점도 자신을 파악하려는 우리들의 시도를 영원히 허용하지 않는다. 하지만 우리가 새로운 사고를 가지거나, 예술 작품을 창조할 때는 무언가가 "발생"한다. 이 "무언가"는 확정된 사고나 예술 작품 속에서, 혹은 경우에 따라서는 윤리적 상황에서 불완전한 채로 드러난다. 왜냐하면 이러한 확정 작업은 그것을 발생(으로서의 그 본성)에 걸맞지 않는 어떤 감촉적·물질적 사물로 만들어버리는 일이기 때문이다.

벤야민은 "언어"를 일차적으로 어떤 의사 소통의 수단이 아니라 존재론적 차원에서 세계의 길항적 본성을 말하는 데 쓰일 수 있는 용어(Terminus)로 본다. 이것은 현재의 현상들을 그들의 과거에 입각하여 탐구할 때 설명될 수 있을 것이다. 대도시, 파리의 회랑 상가, 바로크 시대의 독일 비극, 그리고 계단 밑 어두운 구석에서 울리고 있는 전화, 이 모든 것들은 언제나 선사의 고전적 시대로부터 들려오는 원형 현상을 가리키는 구체적 전거로 읽혀질 수 있는 것이다. 벤야민은 세계를 텍스트화함으로써, "일찍이 씌어진 적이 없는 것을 독해한다"라는 호프만슈탈의 도전적 프로그램의 차원에까지 이르는 것이다. 이 텍스트에 다가가는 것은 곧 그 대상 못지 않게 길항적 성격을 지닌 방법을 개발하는 것을 의미한다.

말을 통해 뭔가를 전달하는 한편 이름을 통해 자기 자신 즉 "영적 본질"을 전달하는 언어의 모호성은 세계를 가로지르는 틈

새이다. 이 근본적 가설이 벤야민의 방법론을 규정하고 있다.

이 방법론은 철저하게 역사적임에도 불구하고, 역사를 진보와 퇴보로 보려는 사고를 배격한다. 이것은 역사의 여정에 직접적으로 개입하고자 하는 (인간의) 욕망을 거부하는 것을 의미한다. 철학자와 작가들은 우리의 사유와 지각을 규정하는 신학적 세력과 유물론적 세력들을 구체적 현상들 속에서 입증하려 할 수 있다. 이들은 이 반목적 대결을 드러내 보임으로써, 현대인들이 창조한 신화적 자기 결박의 연속일 뿐인 자본주의가 만들어낸 꿈에서 깨어나기 위한 조건을 충족시키려 할 것이다. 그러나 이 총체적으로 타락한 상황 아래에서 그들이 해야 할 일은 어떤 직접적 개입도 단념하는 것이다. 메시아적 요소와의 결속에 의한 구원 개념과 세계를 주술로 묶는―루카치(Lukács)의―"완벽한 죄지을 가능성" (Sündhafttigkeit)에 직면한 절망과의 긴장을 지속적으로 유지함으로써만, 사유는 근본적 변혁의 궤적을 추적할 수 있게 한다.

용어 풀이

이 용어 풀이는 이 책에서 언급된 주요 개념들을 독자들이 찾아볼 수 있도록 이 책의 면수를 밝히고 각 개념의 개별적 정의를 담았다.

감촉성(Taktilität): 벤야민에 의하면 감촉성은 그 촉각에 의해 단어가 가지고 있는 협의의 의미를 훨씬 뛰어넘어 연장될 수 있다. 특히 습관적 행위들이나 충격을 유발하는 근접 촬영 기술 등에 의해 제공되는 정위(定位)를 의미한다. 지각에 내포된 촉감적 요소가 보여주는 탁월성은 정확히 [충격으로서의 상(像)과 같은] 시각적 요소들 속에서 입증된다.

극단(極端, Extrem): 관념에 근거해 있는 지식들은 대상을 정의할 때 일반적으로 타당한 "평균적" 방식에 의해 대상의 요소들에 입각한 정의를 내린다. (그러나) 벤야민에 의하면 이것은 불완전한 일시적 방편이며 배타적 방식이 아닐 수 없다. 그는 이것의 진리 주장을 거부하며 변두리에 버려진 극단적인 것들에 의해 대상을 정의하는 과학적 방식을 채용한다. 이 극단의 것들은 긴장이 흐르는 반립들의 성좌를 이루고 있다. 형이상학적 관점에서 볼 때, 이 극단의 것들은 깨어진 세계의 표상이다.

기억(Erinnerung): 벤야민에게 있어 기억이란 개인적 회상의 저수지로부터 한 움큼 떠내는 일에 그치는 것은 아니다. 기억과 망각은 자연적·신화적 과정이기 때문에, 의식을 생산해 내는 간단없는 연속성의 시간 속에서 파악된다. 벤야민의 과거 지향적 이론 구성은 시간의 인과적 연속이 깨어졌다가 그 요소들이 새로운 방식으로 다시 합쳐지는 꿈의 과정에 비유할 만하다. 흐르는 시간에 뒤따라오는 역저류(逆底流)를 배경으로 하여 모아지는 성좌를 붙잡는 것("정지 상태로 붙잡아두는 것")이야말로 참된 예술이며 기억하기의 기술이다. 벤야민에 의하면 이 기억의 가장 극명한 예는 하나의 역사적 사건 속에서 과거 사건들의 반복과 인용과 독특한 섬광을 보는 능력에 나타난다.

기원(Ursprung): 기원 자체는 생성과 퇴락에서 비롯된다. 그러므로 벤야민은 이것을 직선 운동 위에서 현상들을 역추적해 낼 수 있는 어떤 출발점 정도로 생각하는 게 아니다. 현상은 역사적 진전 과정에 있을 때에만 그 모습을 드러낸다. 현상들은 극단적 요소들로부터 발전되어 나오는 하나의 경험 속에 성공적으로 정착할 때 비로소 "기원이라는 현상들"로서 나타나는 것이다. 한 가지 덧붙여 말하면 벤야민은 명시적으로 괴테의 "원초적 현상" (Urphänomen)을 언급하고 있는데, 벤야민은 비극에 관한 글에서 이 (원초적) 현상이 자연으로부터 역사로 "엄격하고 불가항력적인 전이"를 겪지 않을 수 없는 과정을 완벽하게 보이려고 노력한다. 이 원초적 현상은 어떤 이념이나 그 이념의 물적 기저에 근거하고 있는 시작과 끝을 의미하는 게 아니라, 하나의 극단적 진전의 형태를 취한다. [또한 이런 연관에서 벤야민은 필연적으로 괴테의 변신(Metamorphose) 개념을 언급하게 된다.]

꿈(Traum): 99면 이하 참조.

대중(Masse): 123~129면 참조.

대회복(Apokatastasis): "만물의 회복"을 통한 화해 또는 창조의 본래적 상태로 복원한다는 이론이다. 벤야민은 이 이론을 역사에 적용한다. 역사적 대회복은 비판의 형식이긴 하지만 어느 것도 절대적으로 거부해 버리는 게 아니라 모든 부정의 요소들에 담겨 있는 부정적인 것과 긍정적인 것을 구별해 내는 일을 모든 현상의 구원이 달성될 때까지 수행하는 행위이다.

도취(Rausch): 117면 이하 참조.

메시아주의(Messianismus): 51면 참조.

모나드(Monade): "일자"(一者) 개념과 관련지어 고대로부터 고전적으로 알려져온 이 개념은 라이프니츠에 이르러 현대적 의미를 부여받는다. 그는 이것을 전 우주를 반영하고 있는 (확장될 수 없는) "형이상학적 점"이라고 규정한다. 모나드에는 창이 없다. 이 정의는 벤야민이 회랑 상가를 하나의 내부 공간으로, "창 없는 세계"로 개념화할 때 영감을 불어넣은 개념이다.

모방(Mimesis): 우리는 의태(擬態)라는 말을, 동식물계에서 흔히 보는 바와 같이, 개체가 적들로부터 자신을 보호하기 위하여 환경의 시각적 외양에 자신을 적용하는 현상을 지칭하는 데 쓴다. 이 활동은 또한 태고로부터 인간의 문화적 정위에서 중요한 역할을 수행해 왔다. 모방은 인간들이 무용과 음악을 통하여 자신들을 우주적 질서에 적응하기 위해 사용한 시도로서 이미 태고 사회에서부터 확인되고 있다. 벤야민에 의하면 언어는 가장 높은 차원의 모방이다.

몽타주(Montage): 111면 이하 참조.

문서 기록(Schrift): 140면 이하 참조.

반자연적 생명 질서(Antiphysis): "소외"나 "제2의 자연" 같은 개념들은 인위적 사회 발전이 자연과 극심한 갈등 관계를 만들어내고 있음을 보여준다. 그러나 벤야민에 의하면 우주와의 조화는 개별 인간들이 자연으로의 낭만적인 귀환을 수행함으로써 가능해지는 것은 아니다. 우주와 조화를 이루는 유일한 길은 단지 자연적일 뿐인 낱낱의 생명이 아닌 공동체를 산업 기술적으로 조직해내는(die technische Organisierung des Kollektivs) 일이다.

배회자(Flaneur): 85면 이하 참조.

번역(Übersetzung): 62면 이하, 68면 이하 참조.

변증법적 이미지(Dialektisches Bild): 106면 이하 참조.

비판(Kritik): 29~32면, 40면 이하 참조.

산업 기술(Technik): 121~122면 참조.

상품 물신성(Warenfetischismus): 상품적 정위(定位)에 의해 지배되고 있는 사회적 관계이다. 마르크스에 의하면 지적 노동과 육체 노동, 자본과 임노동, 사용 가치와 교환 가치 간의 구분이 있어온 이래, 인간은 타인과의 관계를 사물의 (가변적인) 가치들 사이의 관계로 느끼고 인지하게 된다. 사물에 입각한 인간들의 사고는 또한 인간들 자신을 사물로 만들어버린다. 이러한 관점은 벤야민이 대도시, 회랑 상가, 백화점, 유랑인, 매춘부 등을 분석할 때 중요한 역할을 한다.

알레고리(Allegorie): 75면 이하, 79면 참조.

역사주의(Historismus): 혹자는 문화와 역사의 상대성을 주장하기 위해, 혹자는 이들의 일반적 타당성을 분명하게 강조하기 위해 이 개념을 사용하는 등 커다란 논란의 대상이 된 양가성을 지닌 개념이다. 벤야민은 이 개념을 스스로 역사적 "쇠퇴기"(Verfalls-zeiten)를 진단할 수 있다고 믿는 역사 연구법이라는 맥락에서 쓰고 있다. 그는 이 개념을 거부한다. 이상화된 객관성에 몰두하거나, "그 일이 실제로 어떻게 발생했었는지"를 식별해 내려고 애쓰는 대신, 우리는 "위험한 순간에 기억이 어떻게 섬광을 발하고 있는지를 포착"하지 않으면 안 된다.

영기(Aura): 문자적으로는 "바람결" 또는 "미풍"을 의미하지만, 벤야민에게는 현대의 재생산 기술들에 의해 이루어지는 예술과, 전통에 의해서 이루어지는 모든 예술을 구별하는 여러 특징들의 핵심이 된다. 예를 들면 하나의 작품이 지니고 있는 지금 여기(직접적 현존성), 독특성, 순수성, 권위, 지속성, 그리고 역사적 증언 등이다. "영기적"인 것은 근본적으로 접근 불가능한 숨겨진 대상을 지칭한다. 이것은 전통적 예술의 신학적 기초를 이루며, 종교 의식(宗敎儀式)에 사용된다.

영지(Gnosis): 구원의 신과 창조의 신을 엄격히 구별하는 이단 교리이다. 우리의 세계는 조물주의 서툰 작품일 뿐이며, 우리는 어떤 낯선 신의 개입에 의해서만 이로부터 해방될 수 있다. 인간들은 "무우주론적 자아의 핵"(akosmisch Ich-Kern)을 통해서만 이 구원의 행위에 연결된다.

우울증(Melancholie): 75면 이하 참조.

이데아(Idee): "자신이 속한 동종(同種)의 것과 그만의 독특한 극단을 연결하는 구조"이다. 이데아 자체는 극단적 용어들로만 사유된다. 즉 그것은 단순성이자 동시에 복잡성이다. 왜냐하면 그것은 (전체와 완벽을 의미하는) 총체성의 두 극과 "가장 독특한" 눈에 띄지 않는 현상들을 포함하기 때문이다. "이름지어 부르는 단어"야말로 이데아 자체의 가장 단순한 최고의 표현이다. 이데아는 자신의 사실적 객관적 표상 속에서 자신의 최대의 복잡성을 확보한다.

이름(Name): 59~64면 참조.

인용(Zitat): 111면 이하 참조.

일치(Korrespondenz): 벤야민은 상이하면서 동일시될 수 있는 복합체들 사이의 질적 일치성으로 이해해 온 통상적인 일치 개념에 새로운 차원을 더하여 풍요롭게 하고 있다. 그에 의하면 이것은 감각적 지각 영역에서의 유사성을 의미할 뿐만 아니라, 확증될 수 있는 결정적 "비감각적 유사성"을 의미한다. 이 개념을 이해하기 위하여 우리는 유사성이 감각적 지각의 차원에서 직접적으로 규정될 수 있는 것이 아님을 알아야 한다. 이 유사성을 규정하기 위해서는 현상들 측에서 관계를 허용해야만 하는 제3의 요소, 즉 이념이 필수적이다. 한 언어에서 다른 언어로의 번역은 이것의 하나의 예가 된다. 서로 다른 언어들 속의 각각의 단어들(예를 들면 Brot, pain, pane)은 그들이 지칭하는 대상과 각기 다른 관계를 맺고 있다. 이들을 서로 번역하는 것이 가능하려면 (그리고 그렇게 상상할 수 있으려면) 우리가 각 단어들을 그것들이 지칭하고 있는 사물에 입각해서 "유사한" 것으로 동일시하지 않으면 안 된다.

저자(Autor): 32~39면 참조.

정치신학(Politische Theologie): 정치의 모든 주요 개념들은 세속화된 신학적 개념들이라는 뜻이다. 그래서 특히 사회적 비평이나 역사 이론은 반복적으로 그 연구 대상들 속에서 신학적 핵을 조우하게 된다. 벤야민에 의하면 역사철학의 가장 중요한 과제는 역사 속에 내재하는 메시아적 요소들과 세속적 요소들 간의 관계를 규정하는 일이다.

주석(Kommentar): 31면 이하 참조.

충격(Chok): 98면 이하, 146면 이하 참조.

파괴적 성격(Destruktiver Charakter): 129~136면 참조.

평론(Essay): 34면 이하 참조.

형이상학(Metaphysik): 벤야민은 형이상학은 자신을 "이데아의 존재"(Sein der Ideen)로부터 격리시키지 않는 개념적 인식상의 가능한 경험 형식이라고 생각한다. 인식론적 입장에서 볼 때 벤야민에게 있어 중요한 것은 이데아가 사유 주체로부터 독립하는 것이다. 이데아들은 과학적으로는 파악될 수 없는 질서에 속해 있으며, 사물은 그 질서 속에 "개념 없이"(begriffslos) 주어져 있다. 이러한 질서의 재구성은 (신과 창조의 통일성에 대한) 지속적인 형이상학적 연관 속에서만 생각할 수 있다.

회랑 상가(Passagen): 84~90면 참조.

회상(Eingedenken): 55~56면 참조.

참고 문헌

발터 벤야민의 작품들

1989년 말경, 주어캄프(Suhrkamp) 출판사에서 일곱 권의 벤야민의 《전집》(*Gesammelte Schriften*)이 출간되었다. 당시 얻을 수 있었던 벤야민의 거의 모든 작품들이 (출판사 측이 강조하고 있는 바와 같이) 잠정적이며 비판적 입장을 취하는 그 초판에 수록되어 있었다. 1991년에는 다소 저렴한 문고판이 출판되었다. 제5권 (《파사주》)도 문고판으로 재인쇄되어 출판되었다. 개별 작품들도 (대부분 주어캄프에 의해) 상당수 출판되었는데 그 중 몇몇은 이 《전집》 내의 "비판적으로 재조명된 작품들"을 재판한 것들이었다.

발터 벤야민은 생존해 있는 동안에 탈고된 자신의 글들의 대부분을 출판할 수 있었다. 그러나 그럼에도 불구하고 우리는 그것에 대하여 몇 가지 단서를 달지 않을 수 없다. 첫째, 그도 다른 작가들과 마찬가지로 문예란과 편집자들과 출판 체계를 지배하고 있던 시장 법칙에 따르지 않으면 안 되었다. 만일 그가 이런 작품들로 생계를 유지하려 했다면, 그 자신이 주지하고 있었던 바와 같이, 자신의 기준에 따라 비타협적으로 출판할 수는 없었다는 점이다. 둘째, 망명 중에 출판된 자신의 글들은 근본적으로 호르크하이머(Horkheimer)가 주관하고 있던 《사회 연구》(*Zeitschrift für Sozialforschung*)와 그 편집 지침 개념에 제한받고 있었다. 셋째, 1930년을 전후해서와 같이 좀더 나은 조건 아래 있었더라면 그는 분명히 오늘날 우리에게 전해지고 있는 작품들을 보다 많이 신속하게 출판해 내고 싶어했을 것이며, 그렇게 출판했었을 것이다. 그러나 그가 저자로서의 성공을 거부당하고 있었으리라는 일반적인 가설이 의미하는 것은 1924년에서 1934년 사이에 《프랑크푸르트 신문》(*Frankfurter Zeitung*)과 《문학 세계》(*Literarische Welt*)에 게재했던 서평 《심상》(*Denkbilder*), 수필 등이 낮은 순번으로 푸대접받고 있었다는 사실이다. 이것은 벤야민 자신이 자신의 작품에 두고 있던 가치가 공정하게 평가받지 못하고 있었음을 의미한다.

《전집》 제1권에서 제4권까지에는 완성된 작품들이 포함되어 있고, 제5권과 제6권은 미완성 유고들을, 그리고 제7권은 증보판 자료들을 포함하고 있다. 프루스트를 번역한 것을 담고 있는 2권의 증보판이 초판에 보태어 출간되었고, 좀더 짧은 또 다른 번역도 출판 중이다. 비평과 서평 등은 제3권에 수록되어 있다.

이하의 첫 부분은 벤야민의 주저들을 집필 연도에 따라 《전집》에서의 위치와 함께 개괄한 것이다. 이 작품들은 거의 예외 없이 다른 출판사에서도 출판되었다. 이들이 "선집"(Ausgewählte Schriften)에 포함되어 있는 경우에 제1권 《계몽》(*Illuminationen*)은 별표 하나(*)로, 제2권 《새로운 천사》(*Angelus Novus*)는 별표 둘(**)로, 그리고 혹 독립적으로 출판되어 있을 경우에는 별표 셋

(***)으로 표시되어 있다. 벤야민 생전에 출판된 책자는 그것이 처음 출판된 해를 괄호 안에 표기했다.

1914   Metaphysik der Jugend, II 91

1915   Zwei Gedichte von Friedrich Hölderlin, II 105*

Das Leben der Studenten(1916), II 75*

1916   Über Sprache überhaupt und über die Sprache des Menschen, II 140**

1918   Über das Programm der kommenden Philosophie, II 157**

1918~19 Der Begriff der Kunstkritik in der deutschen Romantik (1920), I 7***

1919   Schicksal und Charakter, II 171*

1921   Zur Kritik der Gewalt(1921), II 179**

Die Aufgabe des Übersetzers(1923), IV 9*

Theologisch-politisches Fragment, II 203*

1921~22 Goethes Wahlverwandtschaften(1924/25), I 123*

1923~25 Ursprung des deutschen Trauerspiels(1928), I 203***

1923~26 Einbahnstraße(1928), IV 83***

1924~33 Denkbilder(개별적으로 1924~34), IV 305***

1927~29 Passagen-Werk(최초의 노트와 원고), V 991~1063

1928   Der Sürrealismus(1929), II 295**

Haschisch in Marseille(1932), IV 409*

1928~31 Karl Kraus(1931), II 334*

1930~39 Kommentare zu Werken von Brecht(개별적으로 1930~

39), II 506***

1931   Kleine Geschichte der Photographie(1931), II 368

1931~36 Deutsche Menschen(1936), IV 149***

1932   Berliner Chronik, VI 465***

1932~38 Berliner Kindheit um Neunzehnhundert(부분적으로는 개
         별적으로 1933~38), IV 235, VII 385***

1933   Lehre vom Ähnlichen, II 204

         Über das mimetische Vermögen, II 210**

         Erfahrung und Armut(1933), II 213*

1934   Der Autor als Produzent, II 683**

         Franz Kafka(부분적으로 1934), II 409**

1934~40 Passagen-Werk(노트와 자료), V 79~989

1935   Paris, die Hauptstadt des XIX. Jahrhunderts, V 45*

1935~39 Das Kunstwerk im Zeitalter seiner technischen Reprodu-
         zierbarkeit(프랑스어로 번역, 1936), I 431, I 471, VII
         350*/***

1936   Der Erzähler(1936), II 438*

1938~39 Zentralpark, I 655*

1939   Über einige Motive bei Baudelaire(1939), I 605*

1940   Über den Begriff der Geschichte, I 691*

　　1966년에 처음으로 등장한 서신집은 신뢰성이 떨어진다. 무엇
보다도 어떤 편지들은 편집자들에 의해 검열당했다. 그런데도 이
것은 벤야민에 대한 심층적 연구를 위해 불가결한 것이다.[1] 그리
고 숄렘(G. Scholem)과 교환한 서신을 모은 *Briefwechsel*

*1933~1940*도 흥미진진하다.

벤야민이 자신의 사상에 대해 체계적으로 소개하고 있는 것은 없다. 그러나 우리는 수많은 다양한 방면에서 그의 작품에 접근할 수 있다. 한두 가지의 벤야민의 글들을 읽었을 뿐인 독자들께서는 특별한 주제를 따라 그의 관심을 추적하거나 닥치는 대로 읽어두는 것이 최상책이리라. 옛 선집에 수록된 《계몽》과 《새로운 천사》는 여전히 이러한 목적에 가장 적합할 것이다.

발터 벤야민의 작품에 대한 총괄적인 문헌 목록은 Momme Brodersen, *Bibliografia Critica Generale (1913~1983)*(Palermo, 1984)가 있다. 최근 출판된 것으로는 Reinhard Markner와 Thomas Weber, *Literatur über W. Benjamin, Kommentierte Bibliographie, 1983~1992*(Berlin: Argument Verlag, 1993)이 있다.

벤야민에 관한 작품들

Liselotte Wiesenthal, *Zur Wissenschaftstheorie Walter Benjamins* (Frankfurt am Main, 1973).

저자는 철저한 원문 대조 작업을 통해 20세기 중반까지의 벤야민의 인식론을 분석하고 있다. 특별히 인식 비판을 다루고 있는 비극에 관한 책의 서문에서, 그리고 벤야민의 언어 이론에 관한 책에서 방법론적 지침 역할을 하고 있는 극단과 번역이라는 개념에 초점을 맞추고 있다. 비젠탈은 이 작품들에서 벤야민이 후에

---

1) 현재 이용할 수 있는 것은 아도르노(Adorno)와 벤야민의 서신 교환인 *Briefwechsel 1928~1940*(Henri Lonitz 편집, Frankfurt am Main, 1994)이다. 영어 번역판—옮긴이 주.

유물론적 충동을 수용할 것을 간파하고 있다. 그러나 그녀가 벤야민을 실증적 인식론의 옹호자로 해석하려는 시도는 그녀의 참된 의도에 못 미치고 있다.

Gerhard Kaiser, *Benjamin-Adorno. Zwei Studien*(Frankfurt am Main, 1974).

메시아주의, 종말론, 신비주의 등을 배경으로, 카이저는 벤야민의 역사철학 속에서 신학적 사유와 세속적 사유가 맞물려 있고 대립하고 있음을 상세하게 다루고 있다. 그는 하버마스의 *Philosophisch-politischen Profilen*에서 발췌한 논문 "Walter Benjamin. Bewußtmachende oder rettende Kritik"에 대한 분석을 첨부하고 있다.

Gershom Scholem, *Die Geschichte einer Freundschaft*(Frankfurt am Main, 1975).

게르숌 숄렘의 비망록은 벤야민의 이미지를 추적하는 데에 실제적인 공헌을 한다. 왜냐하면 이들 두 사람은 1915년에서 1940년 벤야민이 죽을 때까지 친밀한 벗이었기 때문이다. 숄렘이 1923년 팔레스타인으로 이주한 이후에도 긴밀한 서신 교환은 계속되었다. 이 서신들 속에서 벤야민은 그 어느 곳에서보다도 솔직하게 자기 작품에 대한 논평과 방어를 전개하고 있다. 숄렘은 벤야민에게서 유물론적인 전향을 능가하고 이를 극복하는 적극적인 "형이상학적 세계관을 향한 근원적인 충동"(168면)을 보고 있다. 물론 이것은 20세기 중엽부터는 줄곧 "변증법적 쇠퇴" 상태에 있기는 했지만. 그는 이 관점을 어느 누구보다도 브레히트와의 대비를 통해 그리고 "연구소에 대한 벤야민의 적응"(Benjamins Adaption ans Institut, 276면)과 《사회 연구》에 비추어 매우 강조하고 있다.

Helmut Pfotenhauer, *Ästhetische Erfahrung und gesellschaftliches System*(Stuttgart, 1975).

포텐하우어는 이중 전략의 틀 속에서 심미적 경험의 독특한 속성을 강조한다. 그는 또한 그것이 언제나 자기 변환의 사회적 잠재력을 지니고 있다고 주장한다. 벤야민이 마르크스 이론을 생산적으로 적용하는 일차적 목적은 역사와 예술을 신학적 사색의 관점에서 표상하려는 것이다.

Peter Szondi, *Schriften*, 제2권(Frankfurt am Main, 1978).

이 책에는 불행하게도 한동안 절판되었던 발터 벤야민의 *Städtebilder*에(이것은 여전히 이용할 수 있는 《심상》 속에 포함되어 있다) 붙여졌던 존디 자신의 훌륭한 발문(跋文)이 수록되어 있다. 벤야민의 글들에 대한 존디의 주석은 무리한 단순화의 오류를 범하지 않으면서 벤야민의 사유를 쉽게 이해할 수 있는 간단한 소개를 담고 있다. 게다가 존디의 이 책은 프루스트의 《지난 사물들의 회상》(*Suche nach der verlorenen*)에 대한 벤야민의 관계를 다룬 수필이 "Hoffnung im Vergangenen"이라는 제목으로 수록되어 있다.

Winfried Menninghaus, *Walter Benjamins Theorie der Sprachmagie*(Frankfurt am Main, 1980).

언어를 주제로 한 벤야민의 가장 중요한 논문이 세 장에 걸쳐 논의되고 있다. 첫장에는 "언어 그 자체에 관한…"(Über Sprache überhaupt…), "번역자의 임무", 전자와 "유사성에 관한 이론"의 관계, "모방 기능에 관하여", 그 다음 장에는 《독일 비극의 기원》, 마지막에는 언어의 신비주의에 관련한 주제들의 복잡성 문제가 다루어지고 있다. 메닝하우스의 목표는 벤야민의 언어철학이 카발라 전통과 독일 신비주의는 물론 하만과 훔볼트의 연장선상에 있음을 보이는 것이다. 한 발 더 나아가 그는 벤야민이 구조주의의 중심 문제와, 언어의 기호학적 측면과 신비적 측면으로의 세분화를 예상하고 있었으며, 이 양 측면의 연결을 구상하고 있었다고 믿는다.

Werner Fuld, *Walter Benjamin. Zwischen den Stühlen. Eine Biographie*, 개정판(Frankfurt am Main, 1981).

생애와 작품, 즉 전기로서는 다 잡아낼 수 없는 작품까지를 재생할 수 있는 전기가 되도록, 그리고 벤야민의 인생 역정을 추적할 수 있도록, 풀트는 자료들을 모으고 그것들을 작품 해석에 연결시키고 있다.

Krista Greffrath, *Metaphorischer Materialismus. Untersuchungen zum Geschichtsbegriff Walter Benjamins*(München, 1981).

저자는 역사주의, 진화론, 문화사 등의 개념을 바탕으로 예술적 경험과 정치적 경험 간의 상호 의존성을 상세히 논하고 있다. 그녀는 하이데거, 짐멜, 파노프스키 등에 의한 관련 사상들을 포괄적으로 비교함으로써 "역사적 시간"이라는 개념을 상세히 다루고 있다. 벤야민과 루카치 간의 연관 관계 역시 설명하고 있다. 저자는 벤야민의 (신학과 유물론 등) 의도적인 반립적 사유 형식과 표상 형식들을 다루고 있다.

Chryssoula Kambas, *Walter Benjamin im Exil. Zum Verhältnis von Literaturpolitik und Ästhetik*(Tübingen, 1983).

캄바스는 벤야민이 파리 망명 시절에 집필한 작품들["예술 작품"(Kunstwerk), "역사 개념에 관하여", "생산자로서의 작가"(Der Autor als Produzent) 등]로부터 벤야민의 역사적 · 유물론적 역사철학의 근본적 특징들을 도출해 낸다. 저자의 박학한 연구는 예술적 기술과 정치적 입장을 취하는 일은 긴밀한 기능적 관계 속에서 함께 다루어져야 한다는 벤야민의 신념에 바탕을 두고 있다. 영기의 상실과 예술 작품의 변화된 기능이 정치적 성좌(관계 연관)들을 배경으로 분석된다.

Marleen Stoessel, *Aura —das vergessene Menschliche*(München, 1983).

벤야민이 "심상"이라고 부르는 짧은 글들은 그의 인식론에 관한 글들과 연관되어 있고, 꿈과 보행, 언어와 경험, 세속적 계몽 등은 영기 개념과 연관되어 있다. 저자는 자신의 분석들을 언어에 관한 여성적 · 철학적 관점에서 정리하고 있다.

Bernd Witte, *Walter Benjamin mit Selbstzeugnissen und Bilddokumenten*(Reinbek, 1985).

이 작품은 로볼트(Rowohlt)의 독백 형식으로 씌어진 것이므로 일차적으로 작품의 이해를 돕기 위한 전기 자료를 찾는 독자에게 적당할 것이다. 그렇지 않은 경우라면 풀트의 전기를 참조하라.

Winfried Mennighaus, *Schwellenkunde. Walter Benjamins Passage des Mythos*(Frankfurt am Main, 1986).
메닝하우스는 벤야민의 문학 평론과 파리의 회랑 상가에 관련된 기획물 등과 같은 문학적 주제의 단편들에 나타난 역사 담지적 복합체로서의 신화를 상론하고 있다.

Klaus Garber, *Rezeption und Rettung*(Tübingen, 1987).
저자는 전집의 편집 방식에 대하여 가장 강력한 비판을 가했던 사람 중 하나이다. 그러나 이것이 이 책의 주제는 아니다. 이 책은 벤야민의 수용 문제에 관하여 광범위하게 인식되어 온 실질적 개관을 소개하고, 1987년까지의 2차 자료를 제공한다.

Ulrich Steiner, *Die Geburt der Kritik aus dem Geiste der Kunst*(Würzburg, 1989).
슈타이너는 벤야민의 문학 비평에 나타나는 다양한 개념들을 박식하고도 정확하게 분석하고 있다. 이 책은 또한 벤야민과 플로렌스 크리스천 랑(Florens Christian Rang)의 지적 관계를 면밀하게 탐색하기도 한다. 이 친구의 죽음을 두고 벤야민은 자신의 비극론의 유일한 독자를 잃었다고 말하기도 했다.

선집들

Text und Kritik, Walter Benjamin, 31/32호(München, 1971).
플룸페(Plumpe)의 [벤야민의 바흐오펜(Bachofen) 수용 문제를 다룬] "Die Entdeckung der Vorwelt"와 비테(Witte)의 "Benjamins Baudelaire"가 특별한 관심을 끈다.

Peter Bulthaup(Hg.), *Materialien zu Benjamins Thesen "Über den Begriff der Geschichte"*(Frankfurt am Main, 1975).
아도르노, 마르쿠제(Herbert Marcuse), 그리고 전집의 편집자들인 티더만(Rolf Tiedemann), 슈베펜호이저(Hermann Schweppen-häuser) 등 총 14명의 저자들은 많은 사람들이 벤야민의 지적 유산으로 꼽고 있는 (이 책의 이름에 나타난) 텍스트를 논한다.

Peter Gebhardt 외, *Walter Benjamin —Zeitgenosse der Moderne*(Frankfurt am Main, 1976).
룸프(Rumpf)의 (카를 슈미트와 벤야민과의 관계를 다룬) "Radikale Theorie"와 비테의 "Krise und Kritik. Zur Zusammenarbeit Benjamins mit Brecht in den Jahren 1929~1933"이 특별한 관심을 끈다.

Norbert Bolz/Bernd Witte(Hg.), *Passagen*(München, 1984).
볼츠의 "Bedingungen der Möglichkeit historischer Erfahrung" Kittsteiner의 "Walter Benjamins Historismus", 그리고 린드너 (Lindner)의 "Das 'Passagen-Werk', die 'Berliner Kindheit' und die

Archäologie des 'Jüngstvergangenen'"이 특별한 관심을 끈다.

Burkhard Lindner(Hg.), *Benjamin im Kontext*, Königstein in Taunus, 1985(또는 "Links hatte noch alles sich zu enträtseln…", 1978).
특별히 포텐하우어의 글 "Benjamin und Nietzsche"를 주목하라.

Nobert Bolz/Richard Faber(Hg.), *Antike und Moderne*(Würzburg, 1986).
특별히 볼츠의 "Prostituiertes Sein"과 에바흐(Ebach)의 "Agesilaus Santander und Benedix Schönflies. Die verwandelten Namen Walter Benjamins"를 주목하라.

Willem van Reijen(Hg.), *Allegorie und Melancholie*(Frankfurt am Main, 1991).
특별히 슈타이너의 "Traurige Spiele—Spiel vor Traurigen"과 볼츠의 "Schwanengesang auf die Gutenberg Galaxis. Der melancholische Abschied Benjamins und Adornos vom Zeitalter der Schrift und der Kritik"를 주목하라.

Walter Benjamin 1892~1940, Hg. R. Tiedemann, Chr. Gödde u. H. Lonitz(=Marbacher Magazin 55)(1990).
많은 사진들과 시각 자료들을 포함한 사진 전시 목록.

전기적 자료

1892   7월 15일 카우프만 에밀 벤야민(Kaufmanns Emil Benjamin)과 그의 부인 폴린(Pauline, geb Schoenflies)의 아들로 태어남.

1902~05 베를린 샬로턴부르크(Berlin-Charlottenburg)의 개혁파 카이저 프리드리히(Kaiser-Friedrich) 김나지움에 다님.

1905~07 튀링겐(Thüringen)에 있는 하우빈다(Haubinda)의 기숙사제 학교에 다님. 이곳에서 구스타프 위네켄(Gustav Wyneken)을 만나 그의 교육 이념에 영향을 받음.

1907   베를린으로 돌아옴.

1912   카이저 프리드리히 김나지움에서 졸업 시험을 치름.

1912~13 브라이스가우 프라이부르크(Breisgau Freiburg)와 베를린에서 철학을 공부하며, 자유 학생 운동에 열성으로 참여.

1914   베를린에서 자유 학생 운동의 의장이 됨. 장차 부인이 될 도라 소피 폴락(Dora Sophie Pollak)을 만남. 제1차

대전이 발발하자 학생 운동을 떠남.

1915   게르하르트 게르숌 숄렘(Gerhard Gershom Scholem)을
        처음 만남.

1915~17 뮌헨에서 계속 학업. 무엇보다도 장차 그의 사유의 근본
        이 될 언어 이론에 전념.

1917   도라 폴락과 결혼, 베른(Bern)으로 이주.

1918   아들 슈테판(Stefan)을 낳음. 에른스트 블로흐(Ernst
        Bloch)와 친교.

1919   학위 논문 "Der Begriff der Kunstkritik in der deutschen
        Romantik"으로 베른에서 박사 학위 취득.

1920   베를린으로 돌아옴.

1921~22 "Die Aufgabe der Übersetzers", "Goethes Wahlverwandt-
        schaften" 등을 집필.

1923   교수 자격 취득을 위하여 현대 독일 문학사에 관한 논
        문을 준비하러 여름 학기 동안 프랑크푸르트 암마인
        (Frankfurt am Main) 대학에서 보냄. 《독일 비극의 기원》
        에 관한 작업에 착수. 테오도르 아도르노, 지그프리트
        크라카우어(Siegfried Kracauer) 등과 친교.

1924   카프리(Capri)에서 오랫동안 체재. 아지아 라시스(Asja
        Lacis)와 친교.

1925   비극에 관한 논문에 의한 교수 자격 취득 실패. 더 이상
        의 지원을 포기하라는 권고를 들음.

1926   《프랑크푸르트 신문》과 《문학 세계》에 평론, 수필을 싣
        는 기고가로서의 일을 시작. 12월에 모스크바로 여행
        (*Moskauer Tagebuch* 참조).

1927	《파사주》에서 다루어지고 있는 복합적 주제들이 일차적인 연구 주제가 됨.
1928	로볼트(Rowohlt)사가 《독일 비극의 기원》과 《일방 통행로》를 출판.
1929	브레히트와의 교분. 라디오 방송을 위한 작업에 종사.
1930	도라 폴락과 이혼. 그녀의 양친으로부터 오랫동안 재정적 지원을 받아왔기 때문에 자신의 양친으로부터 받은 모든 유산을 그녀에게 양도한다는 서명을 하지 않으면 안 되었다.
1933	3월 독일을 떠나 파리에서 망명. 사회과학연구소를 위해 일함.
1934~35	덴마크의 스코브스보스트란트(Skovsbostrand)에 있는 브레히트의 집에서 오랫동안 체재. 산레모(San Remo)에 있는 전 부인의 집에서도 머물렀음.
1935~40	짧은 기간을 제외하고는 주로 파리에서 연구하며 살았음.
1936	자신이 편집하고 주해한 편지 모음 *Deutsche Menschen* 을 스위스에서 출판.
1940	8월 호르크하이머의 주선으로 미국 입국 비자를 얻음. 9월 26일 피레네 산을 넘어 스페인으로 탈출하려던 기도가 실패하자 스페인의 접경 마을 포트 보우(Port Bou)에서 자살.

벤야민이 플로렌스 크리스천 랑
(Florens Christian Rang)에게 보낸 편지

베를린 그루네발트
델브가 23
1922년 10월 2일

친애하는 크리스천 씨에게

최근 보내주신 당신의 편지 내용에 모든 면에서 공감합니다. 당신의 편지는 저로 하여금 한결 자유롭게 새로운 것을 향해 옛것을 종결지을 수 있게 하고 있습니다. 당신도 주지하시다시피 나의 내면 깊은 곳에서 의무감으로 떠오르고 있는 잡지에 관한 기획은 순수하게 실용적인 것과는 다른 연관성 속에서 언제나 나에게 와 닿습니다. 그리고 그 순간은 이렇게 현재로 다가왔습니다. 완고한 성격의 옛 계획을 털어버리고, 모든 것을 정돈할 시간이 바로 지금으로 다가왔다는 것과, 이 잡지 건이 성공하면 그것은 모든 관계에서 나에게 유용한 것이 되리라는 것을 나는 정황을 통해 읽고 있습니다. 당신은, 이 계획이 사정에 따라서는 내 앞길에 힘든 장애물이 될 수도 있다는 것을, 내가 올바른지 그렇지 않은지는 몰라도, 항상 얼마나 확신하고 있는지도 알고 계실 것입니다. 오늘은 내가 다시 한 번 내 의사 결정권을 행사하고, 이제 공적 사자(使者)로서의 예/아니오를 결정함에 있어 바이스바흐(Weißbach) 운동과는 전적으로 독립적인 입장을 취할 시점입니다. 이야기를 계속해 나가기 전에 나는 이 기회에 내 학문과 관련된 계획을 좀 더 분명히 말씀드리고자 하는데, 나는 이 일을 이번 가을에 구체화하려고 생각 중입니다. 나는 또한 하이델베르크로 가서 2~3일 당신의 집에서 보낼 수 있는 기회가 오기를 기쁨으로 고대하고 있습니다. 그러나 10월 말까지는 베를린을 떠나지 않으렵니다. 사정이 이러하므로, 나 자신의 모든 생각은 당신이 언급한 친구들의 잡지에 관한 옛 계획 이외에는 아무것도 머물지 않습니다. 이 잡지에 대해서는 나는 편집과 기술적인 작업을 최소한으로 줄였으면 합니다. 그리고 그 일은 가능하리라고 생각합니다. 왜냐하면 나는 얼마 후면 곧 나오게 될 나의 하인레(Heinle)의 유고에 대한 글을 마치자마자 나의 교수 자격 취득 논문에 온통 신경을 써야만 하기 때문입니다.

　이 모든 결정 사항들은 사실 바이스바흐사가 나에게 권고해 준 바에 따른 것인데, 그 출판사는 (재정적) 압박으로 선불을 요구하고 있기 때문에 앙겔루스(Angelus)의 조판을 보류하지 않으면 안 되었다고 통보해 왔습니다. 10월엔… 이 한마디로 이해가 빠른 사람이면 모든 것을 알아들으시겠지요. 지금 내가 쓰고 있는 모든 것에 대하여 그는 당분간 아무것도 알고 있는 게 없습니다. 그러나 나의 여행 출발을 위한 모든 것은 분명해졌고 출판사들과의 새 관계는 이미 착수되었습니다. 이 문제에 대해 나는 경우에 따라 당신이 도와주시면 고맙겠다는 생각으로 도움을 청할 터입니다. 나는 물론 인젤(Insel) 출판사에 대해 그리 대단한 기대를 걸려고 하지 않는데, 왜냐하면 내가 믿기로 그 출판사는 신중론 때문에, 내부로부터 일어나는 결정적인 의도들 자체를 항상 우리의 노력들을 가로막는 절충주의로 내몰고 말 것이기 때문입니다. 내 희망대로라면, 나의 보들레르론은 바이스바흐에서는 처음이자 마지막 출간이 될 것입니다. 아무튼 바이스바흐사는 요즈음 틀림없이 나의 의도에 어긋나게 원고를 건네준 신생 인젤사를 떠맡을 것입니다. 그러나 이것은 인젤사의 마지막 기회가 될 것입니다. 가까운 시일 내에 인쇄가 시작되지 않는다면, 이제 내가 그 출판사에 대해 할 일은 단지 원고들을 모두 돌려받도록 준비하는 것뿐입니다.

그럼에도 불구하고 하인레에 대해서는, 혹 내가 이의를 제기할 수 있다손치더라도 전혀 그럴 마음이 없습니다. 왜냐하면 나는 투병 중인 그에게 있어 마지막이 될지도 모를 희망과 그 자신 사이에 끼어들고 싶지 않기 때문입니다. 그의 병이 이제 합병증인 심낭염(心囊炎)을 수반하는 결핵으로 명백하게 판명된 이상, 그의 구원을 위한 모든 것이 순식간에 제공될 수 없는 한 그의 생명은 포기될 수밖에 없을 것이기 때문입니다. 의사는 다보스(Davos)에 희망을 걸라고 말하고 있으나, 그것이 이루어지게 될 가능성은 없습니다. 그에게 필요한 인공 자외선은 구할 수가 없고, 게다가 그것은 왕진 치료로는 가능하지도 않으며, 매우 비싸기까지 합니다. 나는 내가 생각해 온 계획, 즉 내 친구와 함께 그를 위한 모금을 준비하는 일을 더 이상 주저하지 않을 것입니다. 그것이 조각가의 나무토막처럼 사소한 것일지라도… 여기 그 목록을 동봉합니다. 당신이 하실 수 있는 일이 무엇이든 우리는 감사하게 될 것임에 틀림없습니다. 특히 당신의 보증이 있음으로써 단 한 사람이라도 도움에 나서게 할 수 있다면 좋겠습니다. 그러고 나서 그 목록을 나에게 되돌려보내 주시기 바랍니다.

유감스럽게도 구트킨트(Gutkind) 씨 댁은 궁핍합니다. 그리고 에리히(Erich)는 이제 참으로 피나는 노력을 다하고 있습니다. 그는 두 번 구운 빵 따위를 찾아 시내를 2~3일씩 돌아다니는 일을 하고 있습니다. 오늘날 우리네가 조달할 수 있는 것은 아마도 평상시보다 더 나쁘지 않은 빵 한 덩이일는지 모릅니다, 더불어 살아가야 할 인종이 특별히 악하지 않고 그렇게 하는 것이 바로 생명에 도달하는 것이라고 한다면 말입니다. 그런데도 그의 일은 완전한 실패입니다. 즉 4일에 고작 150마르크의 소득이 고작입니다. 다시 말해서 뱃삯을 계산하고 나면 손해보고 끝납니다. 나도 그와 유사한, 그러나 좀더 가벼운 여행길을 떠났습니다. 그것은 서적을 구입·구매하는 일로서 시내 북쪽에서 사서 서쪽으로 가서 팔곤 하는 일인데, 고서와 시장에 대한 약간의 지식만 있으면 족한 일입니다. 나는 이미 이런 식으로 한두어 푼을 벌었지만, 사람이 자기의 장서를 만드는 일에나 관심을 갖고 값싸게 다량으로 구입하는 것을 스스로 비난하며 일관되게 이런 일을 거부한다면 아마도 자신의 푼돈을 쓰지 않고 지킬 수 있을 것입니다. 부를 추구하는 헌옷 장사나 골동품상에게 그것은 흡인력 있는 매력적인 일일 수 있습니다. 이건 분명 일입니다. 그런데 내가 그것을 매주 연속해서 한두 번 실행하자마자, 그 일은 중단하지 않으면 안 될 만큼 부진하게 되기 시작했습니다. 과감하게 출판되리라는 희망도 없

이, 하인레의 유고에 대한 소식을 알리지 않으면 안 되었던 것은
그래야 교수 자격 취득 논문에 들어갈 수 있기 때문이었습니다.

나는 바흐오펜(Bachofen)의 "모권 제도"(母權制度)를 신봉하는
데 최근 거기에서 많은 것을 읽었습니다. 만일 당신이 그것에 대
해서 어떤 것도 모르고 있다면 그냥 지나쳐서는 안 됩니다. 바이
스바흐로부터는 얻을 것이 아무것도 없습니다. 내가 "새 독일 기
고문"(Neuen Deutschen Beiträge)에 관한 부탁을 당신께 드리는 것
을 용서하시기 바랍니다. 나는 "승무원들"을 얻어오려 합니다.

진심으로 행운을 빕니다. 도라가 당신과 부인께, 그리고 마틴에
게도 안부를 전하랍니다.

당신의 발터